开埠与烟台

王金定◎著

中国华侨出版社

·北京·

图书在版编目（CIP）数据

开埠与烟台 / 王金定著． — 北京：中国华侨出版社，2023.1
ISBN 978-7-5113-8830-8

Ⅰ．①开… Ⅱ．①王… Ⅲ．①烟台－地方史 Ⅳ．①K295.23

中国版本图书馆CIP数据核字（2022）第112259号

开埠与烟台

著　　者 /	王金定
责任编辑 /	姜薇薇
封面设计 /	川石品牌
经　　销 /	新华书店
开　　本 /	880mm×1230mm　1/32　印张/8　字数/160千字
印　　刷 /	北京天正元印务有限公司
版　　次 /	2023年1月第1版　2023年1月第1次印刷
书　　号 /	ISBN 978-7-5113-8830-8
定　　价 /	58.00元

中国华侨出版社　北京市朝阳区西坝河东里77号楼底商5号　邮编：100028
编辑部：（010）64443056
网　　址：www.oveaschin.com　E-mail:oveaschin@sina.com

如有印装质量问题，影响阅读，请与印刷厂联系调换。

前　言

烟台地处胶东半岛北部，濒临黄、渤海，北与辽东半岛隔海相望，东邻威海，西邻潍坊，南接青岛。境内海岸线曲折，属暖温带季风气候，四季变化和季风进退都比较明显，雨水较充沛，气候温和，冬无严寒，夏无酷暑，适宜人类生活居住。烟台历史悠久，早在旧石器时代晚期就有人类在这里生息繁衍，白石村遗址的发掘证明，7000年前烟台就有了较为成熟的聚落存在，之后逐渐融入大汶口文化和龙山文化序列。在唐代，登州已成为中国北方著名的商业港口。及至明清，地域商业及政治中心逐渐由登州转移到烟台。

烟台和韩国、朝鲜、日本隔海相望，是名副其实的海疆。北与辽东半岛隔海相望，与之共同成为渤海湾的两个蟹钳状的堡垒，是守护京津地区的海上门户，地理位置极为重要。此外，烟台还是山东内陆通往东北的战略要塞和必经之地，境内海岸线曲折，形成了许多海湾，如芝罘湾、莱州湾、龙口湾、八角湾等，这些海湾自古就成为孕育人类文明的港湾和摇篮。

随着第二次鸦片战争的爆发，1858年《天津条约》签订，烟台被迫开埠，城市面貌、社会状况、经济结构、医疗教育，

开埠与烟台

甚至人们的生活习惯和思想都发生了深刻的变化。本书立足于烟台开埠这一史实,从客观的角度看待开埠以后烟台发生的变化,从现存的开埠留下来的文化遗存和历史建筑分析烟台开埠后发生的翻天覆地的变化。因成书时间紧迫,难免有谬误之处,敬祈方家指正。

目　录

第一章　历史沿革……………………………………… 001

第二章　开埠始末……………………………………… 007
 第一节　烟台港的形成………………………………… 007
 第二节　烟台开埠……………………………………… 017
 第三节　开埠后对烟台港的早期建设………………… 024

第三章　东海关的建立………………………………… 028
 第一节　东海关设立经过……………………………… 028
 第二节　东海关兼办事务……………………………… 041
 第三节　东海关建筑…………………………………… 046

第四章　领事馆的设立………………………………… 055

第五章　基督教的传入………………………………… 076
 第一节　天主教在烟台的传播………………………… 077
 第二节　基督教在烟台的传播………………………… 089

第六章　开埠对于教育事业的影响…………………… 108
 第一节　教会创办的学校……………………………… 108
 第二节　国人创办的新式教育………………………… 137

第七章　开埠对于医疗卫生事业的影响……………… 146

第一节　医院的建立····················146
　　第二节　其他医疗机构··················152
第八章　各国在烟台开办的洋行··············160
　　第一节　林立的洋行····················160
　　第二节　洋人把持的通信、金融事业······187
　　第三节　其他产业······················194
第九章　民族工商业的兴起··················204
　　第一节　崛起的民族工业················204
　　第二节　夹缝中生存的金融、通信业······220
　　第三节　其他服务行业··················228

主要参考资料······························260
后　　记··································262

第一章　历史沿革

烟台历史悠久，早在距今2万年前的旧石器时代，就有人类在这里生息繁衍。烟台市区白石村遗址的发掘，证明早在7000年前，这里就开始有了成熟的聚落。

夏代。据多个历史文献，烟台莱州曾存在封国"过国"，这是目前文献中能查到的关于烟台最早的历史记录。

商代。烟台属莱国。莱国最早形成于商代，管辖范围极其广阔，东至山东半岛沿海，西至淄水（淄博临淄）一带。其都城位于龙口市文基镇姜家一带，当地百姓俗称"归城"。在21世纪初，中国社科院考古研究所、美国哥伦比亚大学、山东省文物考古研究院、烟台市博物馆等单位组成联合考古队，对归城进行了为期四年的考古调查和勘察，已经完全找出了莱国古都的内、外城墙遗迹，基本划分了内城的功能分区，证实了文献中记载的莱国的实际存在。

西周时期。周王朝实行分封制，建立了许多诸侯国，齐国就是位于临淄一带的诸侯国，这一区域此前曾属莱国，因此才有了"莱国来伐，与之争营丘"之说。据此看，西周初期的莱国并不服从周王朝的管理，不属于周的诸侯国。这一时期烟台

开埠与烟台

仍归属于莱国。

春秋时期。随着齐国的不断壮大,周灵王五年(前567年),齐灭莱,烟台归属齐国管辖。

战国时期。烟台这一区域仍归属于齐国,齐国曾在烟台莱州设有夜邑,这一状态一直持续到秦代。

秦代。前221年,秦始皇统一六国,实行郡县制,在全国设三十六郡,后来增加到四十六个,以郡统县,标志着全国范围内政区建制的开始。烟台最初属齐郡管辖,后改为胶东郡,当时在福山设有腄县,在龙口设有黄县。秦末汉初,项羽分封诸王,在胶东设胶东国,田市为胶东王,国都位于即墨,烟台属胶东国。

西汉。实行的是郡、国并行制度,烟台地区大部分地域归东莱郡管辖,郡治在掖县(莱州),郡下设掖县、腄县、黄县、临朐(莱州西北)、曲成(招远西部)、牟平、东牟、弦县(龙口西南)、育犁(福山西北)、当利(莱州西南)、卢乡(莱州南)、阳乐(莱州西南)、阳石(莱州南)、徐乡(龙口西北)等县。此外,烟台还有一部分区域归琅琊郡和胶东国管辖,琅琊郡管辖长广县(莱阳东),胶东国管辖挺县(莱阳南)、观阳(海阳)、邹卢(莱阳西南)等县。

东汉。这一时期,全国重新划分郡县,中央以下设州、郡(国)、县三级行政区域,胶东国和北海郡合并为北海国,琅琊郡管辖的半岛东南沿海几个县并入东莱郡,烟台地区归东莱郡和北海国管辖,东莱郡和北海国又属青州管辖,东莱郡郡治由掖县迁至黄县。

三国时期。烟台属魏国,魏国沿袭了东汉的行政区划,仍然实行州、郡(国)、县制度,东莱郡和北海国仍属青州管辖,北海国的观阳等县划归东莱郡,东莱郡的壮武县划归城阳郡,烟台仍为东莱郡和北海国管辖,东莱郡郡治在黄县。

西晋时期。政制同前,胶东地区新设长广郡,东莱郡的长广县(莱阳东)、不其县(即墨西南,含今青岛市区)和北海国的挺县(莱阳城南)归长广郡管辖。北海国改为北海郡,东莱郡治所迁至掖县。烟台属长广郡和东莱郡管辖,长广郡和东莱郡又属青州管辖。

东晋时期。胶东设有三郡,分别是东莱郡、长广郡和东牟郡。东牟郡由东莱郡分出,郡治在牟平。烟台归属东莱郡、长广郡(莱阳)和东牟郡(牟平)分别管辖。

南北朝时期。宋、齐、梁、陈四朝统称为南朝,均以建康(今江苏南京)为都。南朝与鲜卑族或鲜卑化汉人建立的北魏、东魏、西魏、北齐、北周等北朝政权对峙,称南北朝。南朝宋时,烟台属宋朝东莱郡、长广郡管辖,仍属青州。此后至北朝北魏皇兴四年(470年),烟台归北魏东莱郡、长广郡和东牟郡管辖,属光州,州治掖县城。北魏后,烟台归东魏和北齐管辖,仍属光州。

隋代。隋代烟台归光州管辖,州治设在掖县,后光州改称莱州。到隋炀帝时,废州改郡,莱州改称为东莱郡。

唐代。武德四年(621年),复改东莱郡为莱州,武则天如意元年(692年)又将莱州分为莱州和登州。登州下设黄县、牟平和文登,以牟平为州治(后改为蓬莱)。天宝元年(742

开埠与烟台

年)又改莱州为东莱郡,登州为东牟郡。烟台地区属莱州(东莱郡)、登州(东牟郡)管辖。

五代十国。烟台仍属莱州、登州管辖范围。

北宋。北宋初如唐制,烟台地区属莱州、登州管辖。

金代。金代的行政区划基本继承了北宋,原管辖胶东地区的京东东路改为山东东路,这是历史上第一次出现"山东"这一行政区划。这一时期,从登州分出宁海州,烟台分属莱州、登州和宁海州管辖。

元代。元代沿袭金末行省制度,在路以上设省,形成了中央以下"省、路、府(州)、县"四级行政区划。山东地区归中央特区,由中书省直接管理。烟台仍属莱州、登州和宁海州管辖。元顺帝二十三年(1363年),《元史·顺帝九》记载:"立胶东行中书省及行枢密院,总制东方事。以袁宏为参知政事""置胶东行省于莱阳"。这是历史上唯一一次在胶东地区设省,且以胶东为名,但存续时间较短。

明代。洪武十三年(1380年),废除行省制度,改省为布政使司,同时取消"路"级区划,布政使司下设府和县(州),烟台地区就属于山东布政使司登州和莱州二府。登州府辖一州七县,分别是蓬莱(含长岛)、黄县、福山、栖霞、招远、莱阳、文登、宁海州;莱州府辖二州五县,分别是掖县、平度州、潍县、昌邑、胶州、高密、即墨。但莱州和登州两府之间辖县时有调整。

清代。清代将地方一级政府统一称为省,省下设府和县。清初登州府和莱州府领县(州)同明代,省、府之间还设有登莱青道，治所莱州。雍正十三年（1735年）登州新设荣成、海阳二县，变为一州九县，分别为蓬莱、黄县、福山、栖霞、招远、莱阳、海阳、宁海州、文登、荣成；莱州府设一州三县，分别是掖县、平度州、潍县、昌邑。咸丰八年（1858年）《天津条约》签订，辟登州为通商口岸，后改为烟台。咸丰十一年（1861年）在烟台筹建海关，此后有英、法、美等17个国家先后在烟台设领事馆。同治二年（1863年）登莱青道治所由莱州移至福山县烟台。光绪三十年（1904年）胶州并入，改为登莱青胶道。

1913年北京政府废除清朝府、州设置，建立了省、道、县三级行政区划制度，烟台属山东省胶东道。

1928年6月1日，国民党山东省政府成立，烟台地区归省政府直接管辖。

1934年山东省政府将烟台商埠从福山县划出，直属省政府管辖。

1937年"七七事变"后，为适应抗日战争需要，1938年1月19日，中国共产党领导的胶东军政委员会成立，随后掖县、蓬莱、黄县、福山等多县都成立了抗日民主政府，同年8月，以这些县为基础设立北海行政督查区，这是共产党在山东设立的第一个专区。

1942年7月7日，胶东区行政主任公署在栖霞成立，下辖东海、西海、北海、南海四个专区。烟台地区分属东海、北海和西海专属区。

1945年8月，烟台市政府成立，为胶东行署直辖市。

开埠与烟台

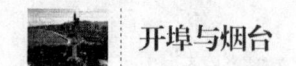

1949年上半年，胶东行署驻莱阳，烟台市为胶东行署直辖市。

1950年5月，国家政务院撤销胶东行署，原胶东辖区设文登专区、莱阳专区和烟台市。

1956年2月，文登、莱阳专区合并为莱阳专区。

1958年，莱阳专区、烟台市合并为烟台专区，专属驻烟台。

1983年11月，撤销烟台专区，成立地级烟台市。

1987年6月，威海市从烟台划出。

第二章　开埠始末

1842 年第一次鸦片战争结束后,英国政府强迫清政府签订《南京条约》,规定广州、厦门、福州、宁波、上海五地为通商口岸,允许英国人在五地设驻领事馆,英国政府也获得了巨额战争赔款。1844 年 7 月 3 日,中美签订《中美望厦条约》;10 月 24 日,法国与中国签订《黄埔条约》。从 1845 年起,比利时、瑞典等国家也都胁迫清政府签订了类似条约,中国的主权遭到进一步破坏。

但帝国主义列强并不满足于既得利益,他们将侵略的眼光放到了更为广阔的中国北方沿海城市。1856 年 10 月,第二次鸦片战争爆发,更多的侵略者加入对中国瓜分的行列。1858 年 6 月,清政府被迫与俄、英、法、美签订了不平等的《天津条约》,规定北方一系列港口城市开埠通商,其中就包括烟台。

第一节　烟台港的形成

烟台是一座港口城市,同时也是一座因港而兴的城市,烟台港作用的发挥对于近代烟台的崛起意义重大。《中英天津条

开埠与烟台

约》《中法天津条约》最初规定的开埠地点是登州而非烟台，但最后改为烟台的直接原因是因为烟台港优越的港口条件。烟台开埠后大多数的对外贸易由海路完成，往来烟台港的船只数量与日俱增，贸易总额曾一度位居山东首位，繁盛的贸易促使烟台城市面貌、经济结构、公共建设都发生了巨大的变化。因此，研究烟台开埠史离不开对烟台港史的研究。

一、芝罘湾与烟台港

芝罘湾指的是烟台北部一带的海域，其西北外围被芝罘岛及岛屿连陆部分所环绕，从而与陆地之间形成了一个天然海湾，这一海域因有芝罘岛故名"芝罘湾"。烟台港仅仅是芝罘湾的一小部分，位于整个海湾的南侧临岸，芝罘湾对于烟台港起到了孕育和促进的基础作用。

图 2-1 芝罘湾（历史照片）

第二章
开埠始末

经考古发掘证实,在新石器时代先民们已经在芝罘湾临岸生息繁衍。目前在芝罘湾周围已经发掘的新石器时代遗址有白石村遗址和芝水遗址,在芝罘岛上同样发现有这一时期的遗址存在。白石村遗址距芝罘湾海岸仅1.5公里,时代相当于北辛文化和大汶口文化,是烟台目前发现的最早的新石器文化。在白石村遗址发现有许多人类利用和改造海洋的实物,如在地层中发现有大量的贝壳、鱼骨等生活遗存,同时发现有网坠、鱼钩及用来剔食海螺的细小的以鱼刺制成的骨锥等。其中贝壳共有14种,均为烟台当地居民至今还在广泛食用的种类,鱼骨分属4种鱼类:黑鲷、真鲷、鲈鱼和鲀鱼,其中鲀鱼是一种毒性较强的鱼,须经严格处理后方可食用,由此可知当时人们已经掌握了这种鱼的去毒方法。

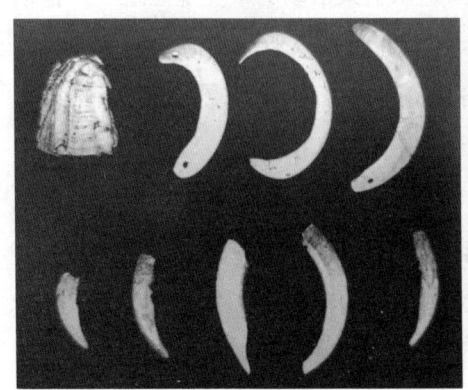

图2-2 白石村遗址出土的用鱼骨、蚌壳制成的工具

芝水遗址距海岸约5公里,时代相当于岳石文化至商代,这里出土了更多的用不同材质制成的网坠、用鱼骨制成的工具

及地层中包含的各种丰富的贝壳、鱼骨等。这都说明烟台远在新石器时代，先民们已经在这里居住，并且知道利用海洋资源，他们出海捕猎的范围就是不远处的芝罘湾，芝罘湾孕育了烟台人类文明。

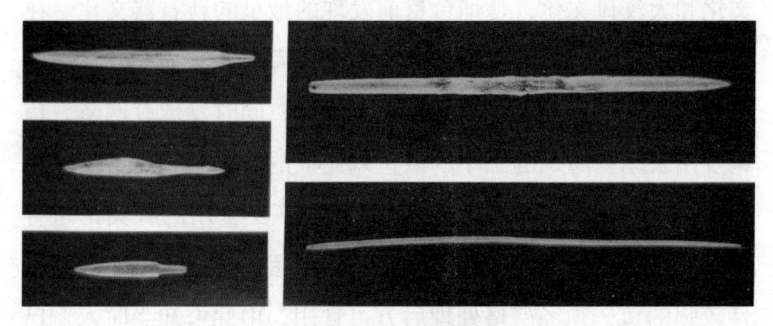

图2-3 芝水遗址出土的用鱼骨制作的工具

夏商周时期，芝罘湾是东夷人活动的重要地区之一，他们在长期的生产过程中学会了更加充分地利用海洋资源。《国语·齐语》记载："通齐国之鱼盐于东莱，使关市几而不征，以为诸侯利，诸侯称广焉。"意思是：齐桓公取消对莱夷一带鱼盐的禁运，命令关市对过往的鱼盐只检查而不收税，用这个办法使诸侯得到实利，诸侯们都称颂他能广施恩惠。这就不难看出齐国作为一个东方大国，它的鱼盐业在一定程度上依赖于"东莱"，而"东莱"即是指商周时期的烟台地区的莱国。芝罘湾周围当时也属于莱国，这足以说明这里的鱼盐业在当时已颇具规模，人们对海洋的依赖程度远远超过了原始时期。另据《晏子春秋》记载，齐景公曾经问晏子："吾欲观于转附、朝舞，遵海而南，至于琅琊……"这里所说的"转附"就是烟台市的芝罘区，也是文献对芝罘最早的记载；"朝舞"即现在的荣成成山头；"琅琊"则位于青岛以南，三个地方都紧邻大海，由此可见齐景公此行是沿海而行的海上活动，说明芝罘湾在这一时期已经存在远航船只的通行。

战国及秦汉时期，海上交通进一步发展，通过芝罘湾的船只也越来越多，这里已经成为我国南北海上交通的重要一站。秦汉时"转附"改称为"之罘"，《史记》记载：秦始皇统一六国后，曾五次出巡，其中包括三次东巡，三次登上芝罘岛，由南而北来到烟台走的也是海路。《汉书》记载：汉武帝曾多次东巡海上，行幸东莱，礼祀八神，而八神之一的阳主就在芝罘岛。由此可见芝罘湾在当时已经具有港航通行的基础能力，已经成为山东沿海交通发祥地之一，并逐步开辟了长距离的南北沿海交通线。

唐宋元时期，航海业更为发达，但航海活动仍大多在海岸线不远处进行，对沿岸城市、岛屿的依赖比较大。自隋代开始，隋炀帝贯通了京杭大运河，隋唐两代时大运河是南粮北运的主线。但自唐代开始，南粮北运也有部分来自海上运输，来自南方的运粮船只沿海岸线将粮食运到北方基本取道芝罘。自元代以后，政府大兴海漕运输，芝罘湾发挥了愈加重要的作用，元代海漕以上海刘家港为起点，至天津杨树码头为终点，其间因各种原因屡次改变航线，但进入山东北部沿海区域后，航线基本未发生变化，"荣城之石岛、俚岛，文登之威海，福山之烟台，蓬莱之庙岛，为粮必经之路"。有人做过粗略统计，在元代每年进出芝罘湾的船只大概有上千只，大部分船只来此的目的是避风和补给淡水等生活物资,将芝罘湾作为一个优良的临时休憩的港湾。

二、明代军事活动对烟台港的影响

及至明清,芝罘湾发挥了越来越明显的港口作用,特别是清代,已经具备了港口形成的基本条件。但在明代烟台港的发展仍处于自由式的、自发式的自然增长状态。

明政府虽然实行海禁政策,但是由政府组织的海运规模其实非常庞大,而且已经实现了远洋运输的常态。据《增修登州府志》记载,洪武五年(1372年),"靖海侯吴桢总舟数万,由登莱转运饷辽";永乐元年(1403年),"督海运粮四十九万石饷北京、辽东,后增至七十万石"。又据《朝鲜李朝实录中的中国史料》记载,万历二十四年(1596年),"拨旧日行海水手船只,淮安运南米一十万石,山东运登、莱米一十万石,俱至平壤交卸接济"。这些都说明了明政府在山东沿海组织了多次大规模的海上运输,有的运到了北京、辽宁,有的则运到了朝鲜。《福山县志》曾记载了明代诗人所作的《之罘山》:"北望波涛浸远天,玹菟庚癸正堪怜;风微日暮帆樯集,不是当年采药船。""玹菟"指的是我国辽宁东部及朝鲜咸镜道一带,"采药船"无疑指的是秦始皇派出的寻找长生不老药的船队,这首诗描述的正是明代的芝罘湾,其已经成为一个船只云集的繁盛港湾,结合烟台当时城市规划的实际情况,我们有理由相信烟台港在这时已具雏形。

明代仍实行行政和军事两套管理体系,但对于烟台或者说

第二章
开埠始末

烟台港影响较大的其实是其军事体系。明政府在军事上实行卫所制度，洪武三十一年（1398年），明政府为防倭寇袭扰和巩固统治，在此设立奇山守御千户所，又称"奇山所""所城"，位于西南河东侧高地，当时北距芝罘湾海岸仅不到1公里。所城占地近10万平方米，四周设有城墙，墙高7.33米，厚6.67米，城墙上分设四座城门及城楼。东为保德门，西为宣化门，南为福禄门，北为朝崇门，每座城门之上都设有二层城楼，上层为哨岗，下层为士兵休息及指挥场所。据最新的考古发掘证实，在宣化门以南发现有残留的明代城墙夯土遗迹，夯层为15~25厘米，符合明代城墙主体为夯土构造、外包城墙砖的普遍做法。另据谭鸿鑫所写的《老烟台影览·奇山所城》推测，每段城墙还应设有四座圆弧状的马面，从而形成书中所说的"4楼16铺格局"。"马面"又叫城墙敌台或墙台，属于城墙的一部分，平面分长方形和半圆形两种，正面狭长如马脸，故又称"马面"。所城城墙马面为半圆形，突出城墙以外的马面是为了消除城下进攻死角，多方位打击攻城士兵而设。城墙内侧有环形通道，并有通往城墙上方运送士兵，粮草、武器等物资的马道。城外设有护城壕，宽11.67米，深3.33米，今已不存。指挥所位于北城门附近。城内规划布局规整，功能结构合理，是一处完整的军事建筑，也被认为是烟台城市的雏形。明至清代中期，所城一直是烟台政治、经济、文化中心，到清康熙年间，清政府撤销明代卫所军事建制，所城被划为四个村，城内士兵多就地解甲归田，城内居民数量猛增，并去除军事功能发展成为一座真正意义的"城市"。之后一部分人迁出城外

开埠与烟台

居住，所城内划为四村，城外九村，形成烟台十三村的布局，这也奠定了烟台城市发展的最早格局。

图2-4 谭鸿鑫手绘的奇山所、奇山守御千户所（旧址）全景

另据《福山县志》记载，在卫所之外，福山县设有墩台15座，西边14座均称墩，唯有最东一座位于所城北部滨海小山之上的称"烟台"，亦称"狼烟墩台"，此山也被称为烟台山，烟台地名即由此而来。烟台山烽火台是奇山守御千户所的防御前哨，主要功能是

图2-5 烟台山烽火台（历史照片），已在烽火台上加设灯塔

预警来自海上的威胁，与其他烽火台一起形成了一道海上防御"长城"，向内陆纵深及沿海各地传递信号。该烽火台最初是以土石夯筑而成，呈圆柱形，直径5米，高3米，烽火台旁侧设有营房，驻守军12名，清代改为砖砌建筑，长15米，宽13米，高6.5米。1866年东海关在烽火台上设灯楼和旗杆，引导船只航行。1905年建起灯塔。1988年灯塔及烽火台全部拆除，建成现在的烟台山灯塔。1990年在原烽火台东侧按照清代式样重新恢复了烟台山烽火台。

三、围绕港口形成的贸易集散中心

烟台市区在明代就出现了第一座妈祖庙——烟台天后宫，它建在离海不远的西南河入海口处，被烟台人称作"大庙"。天后宫建成后，渔民、船商等便集中到这里进行祭祀活动，祈求海神赐以海平风顺的好天气，这也是古代航海活动中不可缺少的重要环节。"大庙"的位置就在烟台港旁侧，这座庙宇的修建从一个侧面反映了当时当地居民从事沿海运输、捕捞的规模已经非常庞大。当时海上作业使用的船只大多数是沙船，这种船体型小、吃水浅，便于靠岸泊船及装卸货物，但同时因体型小不易抵抗风浪，故海上事故时

图 2-6 沙船（复原图）

开埠与烟台

有发生，因此沙船的每次出航都伴随着较大的风险。但限于当时的技术条件，人们面对风险，往往选择祈求神灵庇佑以得平安，海漕船队所至之处，一般会有妈祖庙宇。

但"大庙"的存在对于烟台来说绝不仅仅是一座庙。每年正月初一到十五，百姓便会在这里举办规模盛大的庙会，久而久之就形成了以大庙为中心的商品贸易集散地和市区文化活动中心。以"大庙"为中心的区域逐渐代替所城，发展成为烟台的新城区。西南河入海口则成为港口活动中心，当地居民常在这里同运输军粮的船只进行交易。在天后宫两侧，形成了东西长约 500 米的商业街，即现在的北大街，北大街两侧遍布着各类商铺、集市，如草市、菜市、鱼市、古董市、鸡鸭市、粉干市、果木市、地瓜市、西瓜市、杆子市、饭市等，这些集市所

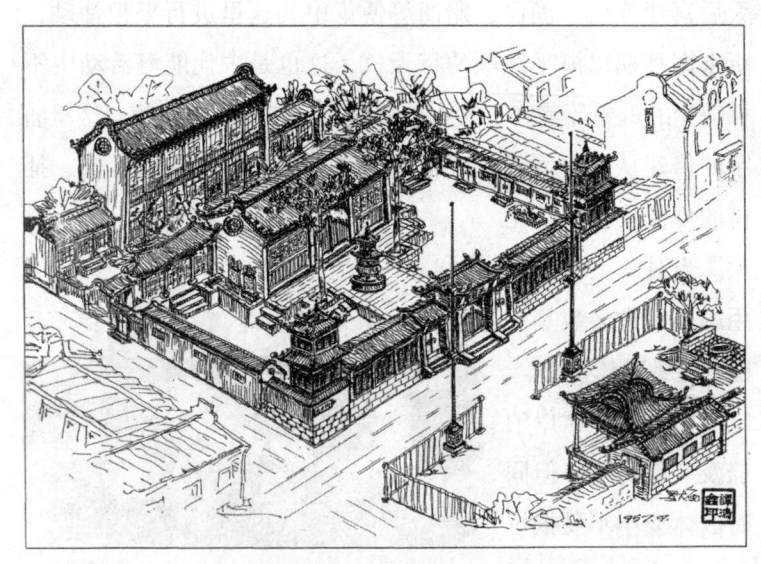

图 2-7 谭鸿鑫手绘的烟台天后宫

在的街道没有正规名称，人们只是依据经营的项目，口头称之为菜市街、草市街等，这些集市街巷又有一个总的称呼——"烟台街"。因此，到了明代至清代中期，芝罘湾南岸西南河入海口处已经由天然避难海湾和物资补给地，演变成为有港口性质的贸易集散地，来往船只大多数停靠这里，与岸上商贩进行交易，这种商业活动大大促进了烟台港的进一步形成。

第二节 烟台开埠

随着烟台港口贸易的发展，其知名度也越来越大，《天津条约》虽规定开埠地在登州，但列强已经对烟台、烟台港产生了觊觎之心。烟台成为对外商埠已势在必行。

一、烟台开埠过程

1856年10月，第二次鸦片战争爆发，1858年4月，英、法、俄、美四国公使率舰陆续来到天津大沽口外，并照会清政府派全权大臣进行所谓的谈判。俄、美表示愿意充当"调停人"。以咸丰帝为首的清政府把希望寄托在俄、美公使所谓的"调停"上，一方面命令清军在天津、大沽设防抵抗，另一方面派直隶总督谭廷襄为钦差大臣前往交涉。然而英法侵略者却在5月20日突然炮轰大沽炮台，之后侵入天津城郊并扬言要进攻北京。6月13日，清政府派大学士桂良、吏部尚书花沙纳为钦差大臣赶往天津议和，分别与俄、英、法、美签订了不平等的《天津条约》。中英《天津条约》规定：英国公使得住北京，并在通商各口设领事官；增开牛庄、登州、台南、淡水、潮州、琼州、汉口、九江、南京、镇江为通商口岸……中法《天津条约》规定：增开琼州、潮州、台湾（台南）、淡水、登州、南京为通商口岸，并在各口设领事官。条约中所说的登州亦即蓬莱，即今天的烟台市蓬莱区，两地约有90公里的距离。

二、开埠地点改登州为烟台的原因

《天津条约》规定开埠登州后，并未马上实施，直到两年后签订《北京条约》，进一步承认《天津条约》有效，才将登州开埠事宜提上了日程，而这期间又发生了一系列变化。

1860年12月上旬，英法联军的十几艘军舰抵达庙岛海面，12月12日，英军翻译官达文波一行四人来到登州，提出除登州外，莱州、胶州、利津、铁门关各海口都要开埠通商。因为在他们看来，《天津条约》规定登州开埠，只是笼统地说明在登州这一行政区域开埠，故他们就有权在登州管辖范围内随意挑选开埠口岸。但中国政府官员并不这么认为，他们对条约的理解就是登州所在的蓬莱一地要开埠，于是这一要求遭到登州府官员的拒绝。但英国并未死心，仍于1861年初派英国驻登州领事马礼逊在青州候补知府董步云（专事登州通商一事）陪同下考察山东，他们先到德州然后沿临清、东昌、济宁、曲阜一线深入内地考察，后认为内地"地隘水浅，大船未能前进，仍就登州沿海择定地方"。3月7日马礼逊抵达济南与巡抚文煜会面，商议开埠事宜并继续考察，之后回到登州沿海考察，3月11日来到烟台并确定烟台为开埠地点，代替了登

第二章
开埠始末

州府治所在的蓬莱。其后清廷做出让步，同意了烟台作为通商口岸的事实。烟台取代蓬莱开埠，除因烟台港条件优于登州港外，还有许多更深层次的原因。

第一，烟台的贸易优势。烟台的港口贸易发展与海上漕粮运输有着密切的联系。道光初年，因社会动荡不安，加上政府疏于对运河河道的疏通，特别是在第一次鸦片战争后，京杭大运河运漕粮出现了一系列问题。清政府于道光六年（1826年）重兴海漕，同时为了激发参与船只的积极性，规定海漕船只在运输漕粮过程中可以运输私货并免税，这样一来参与海上运输粮食的船只数量大大增加。而烟台港正是这些船只南北海上航行的必经之地，而且港湾内滩平无风浪，加上港口周围已经形成的商品集散区优势，越来越多的沙船开始进出烟台港，烟台港口贸易大兴。鸦片战争后，大量洋货及鸦片开始涌入南方开埠城市，同时也对烟台港产生了影响，主要表现在三个方面：一是扩大了烟台港口贸易的货源；二是漕粮运输的沙船中出现了大量商帮船帮；三是烟台港逐渐成为北方海区的贸易中心之一。烟台在港口贸易的推动下逐渐成为商业兴旺的港埠，尤其是在专业商帮船帮出现后，烟台便出现了大量专门从事商业活动的商号、店铺和商会，这些商号主要集中在天后宫周围即烟台港口沿岸一带，至烟台开埠前的咸丰末年，云集在此的商号已达数百家。当时烟台的港口贸易和地方商业可以说在山东沿海五府十四州中处于首屈一指的地位。咸丰九年（1859年），山东巡抚文煜前往沿海协助郭嵩焘筹办厘局，清查各府沿海港口税捐，并将所得银两征解上缴，其中福山县即烟台港上缴的

/ 019 /

开埠与烟台

银两位居第一,且较其他港口遥遥领先。

山东沿海州县上缴税额(1859年)

府	州、县	争银数额(两)	占各府%	占总数%
登州府	福山县	12123.596	62.97	28.67
	蓬莱县	1503.108	7.81	3.56
	黄县	2011.485	10.45	4.76
	荣城县	2004.219	10.41	4.74
	文登县	904.23	4.69	2.14
	海阳县	402.44	2.09	0.95
	宁海州	304.31	1.58	0.72
	小计	19253.388	100	45.54
莱州府	掖县	3602.23	19.57	8.52
	胶州	6071.469	32.98	14.36
	即墨县	8736.552	47.45	20.66
	小计	18410.251	100	43.54
青州府	诸城县	502.69	100	1.19
	小计	502.69	100	1.19
武定府	利津县	2018.04	49.91	4.77
	海丰县	2025.3735	50.09	4.79
	小计	4043.4135	100	9.56
沂州府	日照县	71.028	100	0.17
	小计	71.028	100	0.17
总计		42280.7705		100

说明:此表数据来源于《烟台港史》

由上表可以看出,福山县上缴银两多达12123.596两,占整个山东省沿海州县上缴银两的28.67%,而福山县的上缴银两又大部分来自这个当时还不是县城的烟台,也就是沿港口分布这些商户上缴的税捐。再看当时登州府志所在地蓬莱,上缴

第二章
开埠始末

银两仅有 1503.108 两，约是烟台的 1/9，这就不难理解为什么后来英国人将开埠地点由登州改为烟台。其实在清政府看来烟台的确是一个税收颇丰的地方，咸丰九年（1859年）清政府令山东巡抚崇恩在登莱青三府设厘局，对过往船只收税以资天津海防所需。对此，崇恩从山东地方利益出发予以了抵制，他认为：山东沿海贸易零星不成规模，如果加大抽捐唯恐商力不支。又称：烟台"僻在一隅，并非舟车发达"。对此清廷予以斥责"如果烟台地方偏僻，该商等不当觊觎盘踞，视为利薮"。可见，清政府很了解当时烟台的情况，尤其是在后来知道"烟台一处，每船有七百金之多"后，便将崇恩撤职查办。继任的山东巡抚文煜在上级"钦差"郭嵩焘的监督下很快就在烟台设起了厘局，专门针对来往停靠船只进行收税，厘局的设立地点既不在福山也不在登州，而是位于名不见经传的烟台，而且就在港口附近。烟台厘局的设立，标志着烟台港第一次有了正式的税务机构。

第二，外国商船开埠前已经在烟台大量停靠。更改开埠地点其实还有一个原因，外国商船在开埠前就已经经常性地停靠烟台港，他们已经熟悉这里的港口、港湾、航道等情况。早在道光十五年（1835年），就曾有夷船来到烟台海面，当地政府雇船予以拦截，阻止了其登陆。第一次鸦片战争后，受利益驱使，侵略者已经不再满足于既得利益，将眼光放到了未开埠的沿海各地并开始进行鸦片及进口货物走私，烟台港就是外国商船走私的一个重点。《天津条约》签订后到《北京条约》签订前，这种走私活动愈演愈烈，并且已经由隐蔽转为公开。咸丰九年

开埠与烟台

（1859年），先是有12只外商船只停靠烟台港，之后越聚越多长期不肯离去，此时虽条约规定登州已经开埠，但无论是登州还是烟台都未进入开埠的实质阶段，特别是还尚未明确开埠地点在烟台，而外船却多来往停靠于烟台，这属于明显的"违法"行为，因此改开埠地为烟台已迫在眉睫。

第三，烟台港的天然优势。蓬莱受限于港口自身条件的不足。首先蓬莱港口虽有一定基础，但总体上吃水较浅，大型货船通行存在一定难度，靠岸亦不方便。其次蓬莱海面开阔，缺乏外围天然的屏障保护，易起大风大浪，威胁来往及停靠船只安全。而烟台港所在芝罘湾为一处天然优良港湾。东北部有崆峒岛、北有芝罘岛环绕，形成了一道天然屏障，使港口周围风浪较小；港口东侧的烟台山又成为码头的另一道天然屏障，使得港口内更为风平浪静，便于驳船卸货。烟台港在当时虽然也不能在码头直接停靠大型机械货船，但吃水较蓬莱码头要深得多，易于重新治理，且活跃于烟台的舢板船数量庞大，常年来这些船只成为烟台商贸的主力军，货轮不能停靠，却有这些驳船可以顺利向岸上驳货，开埠后的很长一段时间也的确如此。再有历史上除了几次大规模的海冻，烟台冬季海面一般不会出现冰冻现象，可以说是一处天然的优良港口。

第四，受法国侵略者的影响。《天津条约》签订后，英国、法国提出进京换约，清廷予以拒绝。1859年英、法、美三国军舰集结于大沽口外，对清军发起进攻，但是遭到了中国军队的顽强抵抗并被打退，侵略军临时撤军伺机反扑。这一挫折也让侵略者意识到，要想取得战争的彻底胜利，必须在中国北方建

第二章
开埠始末

立自己的军事基地。其中法军就选中了烟台作为他们进一步进攻北京、天津的后方基地。当法军来到烟台海面时，时任山东巡抚的文煜对于法军的目的产生了战略上的误判，他错误地认为法军要在登州或烟台登陆，然后深入内地进行侵略，所以他将防御重点放在了法军入侵后的陆路防御上，并认为法军在登州登陆可能性较大。令他完全没有想到的是，法军是要寻找一个海上的训练指挥基地，他们的目标仍是要从海上进攻天津，而且已经认定了烟台是他们的最佳选择。因此1860年6月，法国侵略军3000人兵不血刃由海上占领烟台港，并在烟台山龙王庙建立作战司令部。法军侵占烟台后采取了一系列措施为重新进攻天津做好了准备。一是快速集结人力、物力。在进攻天津前兵力已达8000人，火炮30门，战舰50艘，马800匹，牛800头，车辆300辆，小火轮2艘，火枪、弹药不计其数。二是安营扎寨进行陆上作战训练。法军在烟台港南岸平坦开阔的农田上修建营寨，进行驻扎、休整，在今芝罘俱乐部东侧还修建木质栈桥演练抢滩登陆作战。三是劫掠大量沙船以备后需。法军原有约50艘运送物资、工兵、弹药、粮食及药品的补给船，但这个数量远远不能满足作战需要，法军就强行征用、劫掠了近百艘当地沿海沙船及来往商船用作战备的补给运输船只。四是进行侦察和训练。法军在烟台期间，不时派出人员到天津附近侦察，选择登陆作战地点，绘制沿线地图等。同时每天都进行海上军事训练，进行大规模军事演习。在一切就绪之后，1860年7月下旬，英法兵分两路同时进攻大沽口，占领天津攻陷北京，火烧圆明园，强迫清政府签订了《北京条约》。

也正是因为法国侵略者对烟台的看中和依赖，致使英国政府也对烟台产生了浓厚兴趣和觊觎之心。

第五，烟台重要的战略位置。烟台地处黄渤海交界，与辽东半岛遥相呼应，形成了拱卫京津的海上门户，鸦片战争中外国侵略者两次沿海侵入天津都是途经或出发于此；烟台面向大海，与日本、朝鲜、韩国隔海相望，是真正的海上边疆，芝罘湾常常被作为海上征战的集结地和出海口；烟台北距大连仅有不到200公里，到旅顺仅150公里，是山东内陆通往东北的最近距离，抗日战争胜利后，为准备辽沈战役决战东北，运兵北上大多数通过烟台港启航。烟台无疑在当时乃至今天都是至为重要的战略要地。

正是由于以上考量，最终《天津条约》商定的开埠地点由登州（蓬莱）改为烟台。烟台开埠对于烟台的影响空前巨大，也极其深远，烟台的社会经济发展、城市面貌，以及人的思想都受到了开埠的影响。

第三节　开埠后对烟台港的早期建设

开埠前烟台港的建设基本处于原始的自发状态，清政府在此设立厘局也仅仅是为了收取沿岸商户及来往船只的捐税，对于港口的人工建设少之又少，大多数利用的是原有海岸形成的"天然码头"。东海关成立前已经有了一些初步人工建设，例如在开埠前就已经在天后宫北侧沿海有简陋的码头；再如1860年法军侵占烟台港期间，就曾在沿岸特别是烟台山以东修砌小

第二章 开埠始末

规模用以登陆的栈桥,但大量的建设是在东海关成立之后。

同治四年(1865年),清政府批准在烟台港修建海关公署和海关码头,两者均于1866年竣工。海关码头是烟台港第一座公用码头,位于烟台山西侧,主体以长方形石条砌成,东西长257米,码头上设置了石柱形缆桩,此外海关码头还设有三个配套设施,一个固定吊杆用于起吊装卸货物,一座缉私亭和一座验货房,设施虽然简单,却体现出了港口码头的基本功能。码头建成后较大的货船可以直接靠岸,大大提高了工作效率。同治六年(1867年)三月,建成了烟台港的第一座灯塔——卢逊灯塔(后改名为崆峒岛灯塔),该灯塔位于崆峒岛最高处,采用反射定光灯,蜡烛约1000支,可照射20余里。同治七年(1868年)东海关在烟台山烽火台上修建简易灯楼和旗杆,这是烟台山灯塔的前身,1905年

图 2-8 东海关码头(历史照片)

图 2-9 崆峒岛灯塔(历史照片)

开埠与烟台

正式的烟台山灯塔建成,成为烟台港标志性建筑。1874年修建成山角灯塔,1882年修建塪矶岛灯塔,1883年修建镆铘灯塔,1891年建成赵北嘴灯塔。开埠后各国洋行开始修建私人码头,从1870年开始福开森码头、滋大码头、摄威利福码头、和记码头等相继建成,这些私人码头依托港口资源,发展各自业务,严重影响了烟台港的管理和发展,但在一定程度上促进了烟台港的建设。光绪二十一年(1895年),东海关制订了"南北公共码头岸路工程"方案,该工程拟将所有私人码头连接起来,各码头由海关统一管理和使用。但是由于各洋行的反对和阻挠,直到光绪二十三年(1897年)工程才全部结束,这项工程形成了南自东海关仓库,北至开平码头,全长2174英尺的海关码头。1901年,为了和洋行竞争,烟台华商组织"烟台大会"募集资金组织修建"东西公共码头岸路工程",简称东西岸路工程。这项工程主要是在南岸以北砌一道"阻浪垒",然后将圈起来的海域填平,这样一来码头进一步向深海延伸,港口深度进一步加大,填平的海域增加了码头公共用地,可以修建更多港口功能建筑满足需求,这项工程在1903年完工。1913年,在外国人参与下,烟台成立了第一个港口建设管理机构——烟台海坝工程会,并决定由荷兰人勘察设计,修建烟台港东、西防波堤,东防波堤工程于1920年11月13日竣工,西防波堤工程于1921年竣工,9月14日东海关举行了"海坝工程落成典礼"。这项标志性工程的竣工,使得东、西防波堤与东西岸路之间形成了烟台港的人工港池,烟台港自此结束了天然港湾时代,从而正式跨入近代港口行列。

图 2-10　1937 年烟台海坝工程会新购拖船命名典礼

第三章　东海关的建立

烟台开埠后，面临的第一紧要任务就是将原来管理散漫的烟台港正式管控起来，从而实现帝国主义列强迫使烟台开埠的初衷，此时就急需一个机构对烟台港进行管理，同时接洽越来越多到达烟台的中外船只。

第一节　东海关设立经过

东海关的设立对于烟台港的发展意义重大，从根本上改变了烟台港的管理模式，使得烟台港由此走上了正规建设和管理的道路。

一、东海关的前身——烟台厘局

清政府准许海漕船只携带货物的本意并非促进港口贸易，所以当港口贸易发展起来的时候，清政府便巧立名目进行征税，海漕船只在起始港搭载私货免税，但在到达目的地时要纳捐。归福山县管辖的烟台港情况同样如此，随着烟台港口贸易兴盛，福山县政府开始了对过往船只的征税，并且名目越来越

第三章
东海关的建立

多，数额越来越大。因这种税收归地方政府，不用上缴国家，所以一度出现了严重的贪腐现象。于是清政府责令山东在沿海各地成立厘局，负责收取来往船只的税费。

咸丰九年（1859年），清廷令山东巡抚崇恩在登莱青三府沿岸港口设立厘局，且规定厘局所收税款暂定交由天津，用于加强天津海防。崇恩予以抵制，遂被撤职查办。同年秋，清廷派郭嵩焘前往烟台等处海口查办地方官员隐匿侵吞贸易税收之情况，僧格林沁派心腹李湘作为会办随行。两人所到之地，大小官员都知道他们是皇上亲派检查财务税收的大员，因此对他们的接待格外隆重，并都备有厚礼。然郭嵩焘向来清廉方正，严于律己，规定随从"不住公馆，不受饮食"，更不受礼。咸丰九年（1859年）十月八日，郭嵩焘一行在福山县令余榀的陪同下来到烟台，立即采取种种有力措施整顿税务，堵塞漏洞，并设局抽厘。十月十五日，烟台厘局正式成立。烟台厘局成立后，郭嵩焘绕胶东半岛一周抵达胶州，根据实地考察的结果，在铁门关、龙口、石岛、金家口和塔埠头等船只较多的港口都分别开设厘局，加上烟台共有六处。咸丰十年（1860年），山东省设厘金总局，统辖上述六局业务。

1860年6月法军侵占烟台时，烟台厘局临时撤回福山，在《北京条约》签订后重又回到烟台。选定烟台开埠后，马礼逊不断催促董步云推进烟台开埠事宜，董步云便草拟了通商章程呈阅三口通商大臣崇厚，崇厚认为章程内容多有不妥，遂派直隶候补知府王启曾前来协调处理。其间董步云与另一厘局官员玉廉为各自利益争权夺利，造成烟台厘局管理混乱，董步云和

开埠与烟台

玉廉被清政府罢免。王启曾与随行人员随即在烟台厘局的基础上成立了海关，并于咸丰十一年（1861年）七月十七日宣布开关征税。

二、东海关与户关

烟台开埠后来往客商与日俱增，但由于烟台既不是县城所在地也不是府治所在地，登莱青道当时设在莱州，对于烟台繁忙的外交事务管理起来非常吃力。因此清廷于1862年2月14日在烟台设海关监督衙门，同时奕䜣上书将登莱青道移驻烟台，清廷予以批准，登莱青道遂于1862年3月由莱州迁至烟台，并与海关监督衙门合署办公，同设在离

图3-1 登莱青道衙门（历史照片）

烟台港不远的一条街上，这条街也就被命名为道署街，后被称为道恕街，崇芳任道台兼东海关监督。崇芳到任后随即开办了户关，户关与海关不同的是它的管辖范围很大，山东沿海港口都归户关管理，而海关管辖的仅仅是烟台港。海关和户关被统称为"东海关"，到最后海关被专称为"东海关"，而户关则

/ 030 /

被称为"烟台常关"或"烟台大关"。另一说法为"东海关"也是"山东海关",因为晚清大臣奏章和皇帝批文,常把山东省简称为"东省"或"东境"。当然东海关在烟台港的权力很大,并且常年受洋人把持,烟台常关由登莱青道管理,主要管辖山东沿海除烟台港之外的其余港口,并且因为当时其余港口并未开埠通商,所以以来往船只多为国内的民船,主权也在清政府手中。但事实并非如此,我们在查阅东海关档案时发现,东海关管理的范围绝不仅仅是烟台港,原由常关管理的业务也都在东海关档案中存在,甚至连东海关的机构设置中也包括常关。因此我们可以肯定登莱青道对于常关的管理最后也放到了东海关,光绪二十七年(1901年)常关最后管理的民船业务也全部交给了东海关。直至1912年常关被正式取消。

综上所述,两关虽然都在烟台,但是对烟台港影响最大的还是东海关,它与烟台港的发展息息相关,东海关的出现标志着烟台港从自然发展走向了正规管理,是烟台港发展史上的重要转折。

三、烟台港管理权的旁落

烟台港的管理自始至终都归东海关管理,道台崇芳接任东海关监督时,海关大权还算归清政府,但在当时东海关在征税上就出现了一些问题。由于语言不通,东海关的本地工作人员无法与外商沟通,外商也不允许这些征税人员上船检查。迫于无奈,崇芳与英法领事协议雇用外国人办理征税。1862年11月,东海关雇用的翻译和外籍扦子手(检查货物的人)进关工

开埠与烟台

作,他们对于东海关的运行征税起到了很大的促进作用。不久1862年12月英国人汉南来到了烟台,并于1863年3月23日正式出任东海关第一任税务司,登莱青道虽与海关监督合署办公,历任道台又都兼任海关监督,但真正海关的管理权却为税务司把控,海关监督仅是一个名义上的中方负责人。自东海关设立税务司后,代表国家主权的海关大权旁落,东海关和烟台港的管理权完全落入洋人手中,1938年2月日军侵占烟台后,东海关落入日寇手中,直至1945年8月。

汉南上任后立即对东海关和烟台港在管理上进行了改革。一是建立了必要的管理制度。如1863年出台了《烟台口东海关管理章程》和《东海关船只进口章程》,海关章程只有八条内容,却详细规定了进出港口的船只要履行的手续、卸货起货具体地点、作业时间及提前报关的要求;船只进口章程也只有五条内容,是对前一个章程内容的补充,规定不能进港倾卸砂石、节假日管理、不得私自在港内放炮、船只离岗要求以及和中国尚未签约国家船只进港要求等。这两个章程是对东海关和烟台港管理的规范性文件,自此港务工作有章可循,进出船只管理规范。后来还颁布了新的《管理船舶章

图 3-2 东海关制定的贸易规则

程》和《烟台口各国商船进出口起下货物完纳税钞章程》等。二是开始了港口统计。这一时期开始做最原始的统计、登记,如进口货物表、出口货物表、航运统计、税收统计、鸦片进口统计等,之后不断改进完善,这些原始的统计资料留下了珍贵的线索,为研究烟台港史和海关史提供了丰富而重要的资料。

东海关历任海关监督一览表(1862—1944年)

姓 名	任职时间	离任时间	备 注
崇 芳	1862.3	1863.2.4	登莱青兵备道道台兼东海关监督
潘 蔚	1863.2.4	1869.12	登莱青兵备道道台兼东海关监督
刘达善	1868.4.6	1871.5.8	登莱青兵备道道台兼东海关监督
龚易图	1871.5.8	1877.1.20	登莱青兵备道道台兼东海关监督
张萌桓	1876.12.9	1878.10.26	登莱青兵备道道台兼东海关监督
方汝冀	1878.11.12	1887.2.19	登莱青兵备道道台兼东海关监督
盛宣怀	1886.5.21	1893.3.22	登莱青兵备道道台兼东海关监督
李正荣	1892.5.31	1894.6.17	登莱青兵备道道台兼东海关监督
刘含芳	1894	1896.2.11	登莱青兵备道道台兼东海关监督
李兴锐	1896	1896.9.28	登莱青兵备道道台兼东海关监督
锡 铜	1897	1898.6.30	登莱青兵备道道台兼东海关监督
李世杰	1898	1903.4.18	登莱青兵备道道台兼东海关监督
何彦升	1903	1906.4.14	登莱青兵备道道台兼东海关监督(1904年胶州并入,改登莱青胶道)
蔡汇沧	1906	1907.4.22	登莱青胶道道道台兼东海关监督
潘志俊	1907	1909.6.30	登莱青胶道道台兼东海关监督
徐抚辰	1908.5.2	1909.11.18	登莱青胶道道台兼东海关监督
徐世光	1910	1912.10.26	登莱青胶道道台兼东海关监督
王潜刚	1912.4	1915.11.10	东海关监督
王守善	1921	1921.12.30	东海关监督
徐世襄	1923	1923.8.24	东海关监督

续表

李元亮	1924	1924.11.12	东海关监督
周秀文	1925	1926	东海关监督
贾月璧	1927	1930	东海关监督
吴洁华	1930	1935.8.6	东海关监督
周秀文	1935.8.16	1937.10.11	代理东海关监督
周秀文	1937.10.11		东海关监督
温世珍	1938.3.14	1938.11.8	伪中华民国临时政府任命东海关监督
欧大庆	1938.11.8		伪中华民国临时政府任命东海关监督
周秀文	1939.8.2	1944	伪中华民国临时政府任命东海关监督
赵之成	1944.7.28		华北政务委员会任命代理海关监督

说明：此表来源于《烟台海关史概要》（略有改动）

东海关税务司署历任税务司一览表（1862—1945年）

姓　名	国籍	职　务	任职时间
汉南（C.Hannen）	英国	税务司	1862.3.23—1865.3.20
卢逊（T.G.Luson）	英国	代税务司	1865.3.20—1868.4.6
雷德（F.E.Wright）	英国	税务司	1868.4.6—1869.12
那威勇（A.Novin）	法国	责任会计	1969.12—1870.2.24
雷德（F.E.Wright）	英国	税务司	1870.2—1871.5.8
好博逊（H.E.Hobson）	英国	代税务司	1871.5.8—1872.4.18
赫政（J.H.Hart）	英国	代税务司	1872.4.18—1872.10.12
班谋（J.L.E.Palom）	英国	责任帮办	1872.10.12—1873.10.20
博朗（H.O.Brown）	英国	代税务司	1873.10.20—1874.6.24
威妥玛（T.F.Hughes）	英国	责任帮办	1874.6.24—1874.11.5
杜德维（E.B.Drew）	美国	代税务司	1874.11.5—1875.6.5
裴式楷（R.E.Bredon）	英国	代税务司	1875.6.5—1875.11.23
德璀琳（G.Detring）	德国	税务司	1875.11.23—1875.11.24
侯立威（E.T.Holwill）	美国	首席帮办	1875.11.24—1876.4.15
德璀琳（G.Detring）	德国	税务司	1876.4.15—1876.11.20
侯立威（E.T.Holwill）	美国	二级帮办	1876.11.20—1876.12.9

第三章 东海关的建立

续表

德璀琳（G.Detring）	德国	税务司	1876.12.9—1877.1.20
侯立威（E.T.Holwill）	美国	代帮办、代税务司	1877.1.20—1877.7.20
德璀琳（G.Detring）	德国	税务司	1877.7.20—1877.11.30
辛盛（C.L.Simpson）	英国	税务司	1877.11.30—1878.10.26
劳思（W.B.Russel）	英国	二级帮办	1878.10.26—1878.11.12
辛盛（C.L.Simpson）	英国	税务司	1878.11.12—1879.5.20
劳思（W.B.Russel）	英国	二级帮办	1879.5.20—1879.5.26
辛盛（C.L.Simpson）	英国	税务司	1879.5.26—1879.9.27
休士（G.Hughes）	英国	税务司	1897.9.27—1880.8.4
安文（F.S.Unwin）	英国	二等一级帮办	1880.8.4—1880.8.20
休士（G.Hughes）	英国	税务司	1880.8.20—1882.11.15
安文（F.S.Unwin）	英国	首席帮办（临时）	1882.11.15—1883.1.15
休士（G.Hughes）	英国	税务司	1883.1.15—1883.4.10
德益（I.M.Daae）	挪威	税务司	1883.4.10—1885.5.21
穆和德（R.B.Moorhead）	英国	税务司	1885.5.21—1887.2.19
窦威礼（M.E.Towell）	英国	一等一级帮办	1887.2.19—1887.3.5
穆和德（R.B.Moorhead）	英国	税务司	1887.3.5—1888.2.19
费理斯（L.Von.Fries）	奥地利	一等二级帮办	1888.2.19—1888.3.17
穆和德（R.B.Moorhead）	英国	税务司	1888.3.17—1888.4.7
费理斯（L.Von.Fries）	奥地利	首席帮办	1888.4.7—1888.7.5
爱格尔（H.Edgar）	英国	税务司	1888.7.5—1888.12.13
湛渗（J.C.Johnston）	英国	二等二级帮办	1888.12.13—1888.12.31
爱格尔（H.Edgar）	英国	税务司	1888.12.31—1889.5.22
庆丕（P.H.King）	英国	一等二级帮办	1889.5.22—1889.5.31
爱格尔（H.Edgar）	英国	税务司	1889.5.31—1889.10.28
哲美森（Colin Jamieson）	英国	代税务司	1889.10.28—1889.11.1
庆丕（P.H.King）	英国	首席帮办	1889.11.1—1890.2.7
爱格尔（H.Edgar）	英国	税务司	1890.2.7—1890.8.18
师范西（F.J.Smith）	英国	首席帮办（临时）	1890.8.18—1890.11.1
贾雅格（J.W.Carral）	英国	代理税务司	1890.11.1—1893.3.22

续表

邓德（V.E.J.Dent）		帮办掌税务司印	1893.3.22—1893.4.1
费理斯（L.Von.Fries）	奥地利	代理税务司	1893.4.1—1893.6.1
裴士模（M.B.Bredon）	英国	代理税务司	1893.6.1—1894.6.17
李蔚良（W.G.Lay）	英国	二等二级帮办	1894.6.17—1894.6.20
裴士模（M.B.Bredon）	英国	代理税务司	1894.6.20—1894.7.19
李蔚良（W.G.Lay）	英国	二等二级帮办	1894.7.19—1894.7.22
裴士模（M.B.Bredon）	英国	代理税务司	1894.7.22—1895.4.3
李蔚良（W.G.Lay）	英国	二等二级帮办	1895.4.3—1895.4.7
裴士模（M.B.Bredon）	英国	代理税务司	1895.4.7—1895.6.29
李蔚良（W.G.Lay）	英国	二等二级帮办	1895.6.29—1895.7.2
裴士模（M.B.Bredon）	英国	代理税务司	1895.7.2—1895.8.14
李蔚良（W.G.Lay）	英国	二等二级帮办	1895.8.14—1895.8.19
裴士模（M.B.Bredon）	英国	代理税务司	1895.8.19—1895.9.14
李蔚良（W.G.Lay）	英国	二等一级帮办	1895.9.14—1895.9.18
裴士模（M.B.Bredon）	英国	代理税务司	1895.9.18—1896.2.11
李蔚良（W.G.Lay）	英国	二等一级帮办	1896.2.11—1896.2.23
裴士模（M.B.Bredon）	英国	代理税务司	1896.2.23—1896.4.5
李蔚良（W.G.Lay）	英国	二等一级帮办	1896.4.5—1896.4.8
裴士模（M.B.Bredon）	英国	代理税务司	1896.4.8—1896.5.1
李蔚良（W.G.Lay）	英国	二等一级帮办	1896.5.1—1896.6.2
裴士模（M.B.Bredon）	英国	代理税务司	1896.6.2—1896.9.28
李蔚良（W.G.Lay）	英国	二等一级帮办	1896.9.28—1896.10.3
裴士模（M.B.Bredon）	英国	代理税务司	1896.10.3—1896.11.25
贾雅格（J.W.Carral）	英国	税务司	1896.11.25—1897.9.17
殷莘森（J.W，Innocent）	英国	一等二级帮办	1897.9.17—1897.9.21
贾雅格（J.W.Carral）	英国	税务司	1897.9.21—1897.9.27
殷莘森（J.W，Innocent）	英国	一等二级帮办	1897.9.27—1897.9.29
贾雅格（J.W.Carral）	英国	税务司	1897.9.29—1898.6.30
殷莘森（J.W，Innocent）	英国	一等一级帮办	1900.5.12—1900.5.16
贾雅格（J.W.Carral）	英国	税务司	1900.5.16—1901.9.19

续表

勒慕萨（J.L.Remusat）	德国	一等一级帮办	1901.9.19—1901.9.26
贾雅格（J.W.Carral）	英国	税务司	1901.9.26—1902.5.5
勒慕萨（J.L.Remusat）	德国	首席代办（临时）	1902.5.6—1902.8.26
柯尔乐（F.A.Carl）		税务司	1902.8.26—1902.10.11
穆厚达（J.H.Moorhead）	英国	一等二级帮办	1903.2.14—1903.3.5
柯尔乐（F.A.Carl）		税务司	1903.3.5—1904.4.18
甘博（S.Campbell）	英国	税务司	1903.4.18—1906.4.14
安乐（W.H.Andrew）	英国	一等二级帮办	1906.4.14—1906.4.26
甘博（S.Campbell）	英国	税务司	1906.4.26—1907.4.22
安文（E.S.Unwin）	英国	税务司	1907.4.22—1910.5.11
巴尔特（A.M.J.Parter）	英国	一等一级帮办	1910.5.11—1910.5.24
安文（E.S.Unwin）	英国	税务司	1910.5.24—1910.8.22
巴尔特（A.M.J.Parter）	英国	一等一级帮办	1910.8.22—1910.8.25
安文（E.S.Unwin）	英国	税务司	1910.8.25—1912.4.15
巴尔特（A.M.J.Parter）	英国	责任帮办（临时）	1912.4.15—1912.6.15
梅尔士（F.J.Mayers）	英国	税务司	1912.6.15—1913.2.22
贝泐（F.H.Bell）	英国	一等一级帮办	1913.2.22—1913.3.9
梅尔士（F.J.Mayers）	英国	税务司	1913.3.9—1913.4.30
贝泐（F.H.Bell）	英国	一等一级帮办	1913.4.30—1913.5.13
梅尔士（F.J.Mayers）	英国	税务司	1913.5.13—1913.9.22
贝泐（F.H.Bell）	英国	一等一级帮办	1913.9.22—1913.10.4
梅尔士（F.J.Mayers）	英国	税务司	1913.10.4—1914.3.17
克雷摩（P.P.P.M.Kremer）	法国	一等一级帮办	1914.3.17—1914.3.21
梅尔士（F.J.Mayers）	英国	税务司	1914.3.21—1914.4.9
克雷摩（P.P.P.M.Kremer）	法国	责任帮办（临时）	1914.4.9—1914.4.20
苏古敦（A.H.Sugden）	英国	税务司	1914.4.20—1914.5.18
克雷摩（P.P.P.M.Kremer）	法国	一等一级帮办	1914.5.18—1914.5.20
苏古敦（A.H.Sugden）	英国	税务司	1914.5.20—1914.11.15
北代真幸（M.Kitadai）	日本	二等一级帮办	1914.11.15—1914.11.26
苏古敦（A.H.Sugden）	英国	税务司	19914.11.26—1915.1.5

续表

北代真幸（M.Kitadai）	日本	二等一级帮办	1915.1.5—1915.1.9
苏古敦（A.H.Sugden）	英国	税务司	1915.1.9—1915.9.20
北代真幸（M.Kitadai）	日本	二等一级帮办	1915.9.20—1915.9.25
苏古敦（A.H.Sugden）	英国	税务司	1915.9.25—1915.9.28
北代真幸（M.Kitadai）	日本	二等一级帮办	1915.9.28—1915.9.30
苏古敦（A.H.Sugden）	英国	税务司	1915.9.30—1915.10.28
北代真幸（M.Kitadai）	日本	二等一级帮办	1915.10.28—1915.11.5
苏古敦（A.H.Sugden）	英国	税务司	1915.11.5—1916.4.5
北代真幸（M.Kitadai）	日本	二等一级帮办	1916.4.5—1916.4.8
苏古敦（A.H.Sugden）	英国	税务司	1916.4.8—1916.4.14
北代真幸（M.Kitadai）	日本	二等一级帮办	1916.4.14—1916.4.22
苏古敦（A.H.Sugden）	英国	税务司	1916.4.22—1916.4.26
北代真幸（M.Kitadai）	日本	二等一级帮办	1916.4.26—1916.5.5
苏古敦（A.H.Sugden）	英国	税务司	1916.5.5—1916.9.1
北代真幸（M.Kitadai）	日本	一等二级帮办	1916.9.1—1916.9.18
苏古敦（A.H.Sugden）	英国	税务司	1916.9.18—1916.9.25
北代真幸（M.Kitadai）	日本	一等二级帮办	1916.9.25—1916.9.30
苏古敦（A.H.Sugden）	英国	税务司	1916.9.30—1916.10.30
安乐（W.H.Andraw）		一等首席帮办	1916.10.30—1916.11.4
苏古敦（A.H.Sugden）	英国	税务司	1916.11.4—1917.4.3
安乐（W.H.Andraw）		一等首席帮办	1917.4.3—1917.4.11
苏古敦（A.H.Sugden）	英国	税务司	1917.4.11—1917.8.31
安乐（W.H.Andraw）		一等首席帮办	1917.8.31—1917.9.3
苏古敦（A.H.Sugden）	英国	税务司	1917.9.3—1917.9.18
安乐（W.H.Andraw）		一等首席帮办	1917.9.18—1917.9.21
苏古敦（A.H.Sugden）	英国	税务司	1917.9.21—1917.10.23
安乐（W.H.Andraw）		一等首席帮办	1917.10.23—1917.10.29
苏古敦（A.H.Sugden）	英国	税务司	1917.10.29—1918.6.15
贾士（T.A.M.Castle）	英国	二级首席帮办	1918.6.15—1918.6.21
苏古敦（A.H.Sugden）	英国	税务司	1918.6.21—1918.8.29

第三章 东海关的建立

续表

贾士（T.A.M.Castle）	英国	二级首席帮办	1918.8.29—1918.9.5
苏古敦（A.H.Sugden）	英国	税务司	1918.9.5—1918.9.20
贾士（T.A.M.Castle）	英国	二级首席帮办	1918.9.20—1918.10.8
苏古敦（A.H.Sugden）	英国	税务司	1918.10.8—1919.4.8
贾士（T.A.M.Castle）	英国	二级首席帮办	1919.4.8—1919.4.19
苏古敦（A.H.Sugden）	英国	税务司	1919.4.19—1919.5.14
贾士（T.A.M.Castle）	英国	二级首席帮办	1919.5.14—1919.5.29
苏古敦（A.H.Sugden）	英国	税务司	1919.5.29—1919.9.9
贾士（T.A.M.Castle）	英国	二级首席帮办	1919.9.9—1919.9.22
苏古敦（A.H.Sugden）	英国	税务司	1919.9.22—1919.10.31
克达德（F.D.Goddard）	英国	二等一级帮办	1920.5.21—1920.6.3
苏古敦（A.H.Sugden）	英国	税务司	1920.6.3—1920.9.13
克达德（F.D.Goddard）	英国	二等一级帮办	1950.9.13—1920.9.27
苏古敦（A.H.Sugden）	英国	税务司	1920.9.27—1921.4.9
葛德尔（R.Ketels）	英国	三等一级帮办	1921.4.9—1921.4.12
苏古敦（A.H.Sugden）	英国	税务司	1921.4.12—1921.4.16
葛德尔（R.Ketels）	英国	三等一级帮办	1921.4.16—1921.4.19
苏古敦（A.H.Sugden）	英国	税务司	1921.4.19—1921.9.20
红松雄二（Y.Kurematsu）	日本	一等一级帮办	1921.9.20—1921.10.3
苏古敦（A.H.Sugden）	英国	税务司	1921.10.3—1922.10.28
詹思敦（C.F.Johnston）	英国	副税务司	1922.10.28—1922.11.15
苏古敦（A.H.Sugden）	英国	税务司	1922.11.15—1923.3.21
额格理（H.M.D.J.O.Kelly）	法国	首席帮办	1923.3.21—1923.4.2
苏古敦（A.H.Sugden）	英国	税务司	1923.4.2—1923.4.14
额格理（H.M.D.J.O.Kelly）	法国	首席帮办	1923.4.14—1923.5.1
苏古敦（A.H.Sugden）	英国	税务司	1923.5.1—1923.6.15
额格理（H.M.D.J.O.Kelly）	法国	首席帮办	1923.6.15—1923.6.26
苏古敦（A.H.Sugden）	英国	税务司	1923.6.26—1923.10.9
额格理（H.M.D.J.O.Kelly）	法国	首席帮办	1923.10.9—1923.10.23
苏古敦（A.H.Sugden）	英国	税务司	1923.10.23—1923.11.15

续表

贝泐（F.H.Bell）	英国	税务司	1923.11.15—1924.2.25
额格理（H.M.D.J.O.Kelly）	法国	首席帮办	1924.2.25—1924.3.7
贝泐（F.H.Bell）	英国	税务司	1924.3.7—1925.3.14
额格理（H.M.D.J.O.Kelly）	法国	首席帮办	1925.3.14—1925.3.18
倪洛生（R.T.Nelson）	英国	副税务司	1925.3.18—1925.3.25
贝泐（F.H.Bell）	英国	税务司	1925.3.25—1925.4.2
倪洛生（R.T.Nelson）	英国	副税务司	1925.4.2—1925.4.22
覃书（R.C.L.D.Anjou）	法国	税务司	1925.4.22—1927.1.28
郝乐（B.E.F.Hall）	英国	一等一级帮办	1927.1.28—1927.2.11
覃书（R.C.L.D.Anjou）	法国	税务司	1927.2.11—1927.11.1
郝乐（B.E.F.Hall）	英国	一等一级帮办	1927.11.1—1927.11.12
覃书（R.C.L.D.Anjou）	法国	税务司	1927.11.12—1927.12.8
包安济（G.Boezi）	意大利	代副税务司	1927.12.8—1928.4.25
哈次恒（J.E.Hartshorn）	美国	税务司	1928.4.25—1929.4.24
黎霭明（E.G.Lebas） 达阆文（M.C.D.Drummond）	法国 英国	副税务司	1929.4.24—1930.5.28
狄诗乐（B.D.Tisdall）	英国	副税务司	1930.5.28—1930.10.13
崔楷德（N.H.Schregardus）	荷兰	代税务司	1930.10.13—1932.6.1
伯罗德（A.C.E.Braud）	法国	税务司	1932.6.1—1932.9.24
何司德（H.W.Hosking）	英国	责任帮办（临时）	1932.9.24—1932.11.16
麻阿士（F.H.Mass）	荷兰	代税务司（临时）	1932.11.16—1933.1.20
溥德荣（H.E.Prettjohn）	英国	税务司	1933.1.20—1933.10.14
柏德立（H.W.Bradlay）	美国	副税务司	1933.10.14—1934.4.2
华乐士（A.G.Wallas）	英国	副税务司	1934.4.2—1935.5.16
潘学瑜	中国	代理税务司	1935.5.16—1936.6
郝乐（B.E.F.Hall）	英国	代税务司	1936.6.30—1937.10.5
阿客尔（C.G.C.Asker）	瑞典	税务司	1937.10.26—1938.5.27
籾仓作助（S.Momikura）	日本	代税务司、税务司	1938.3.12—1941.12.20
佐岛忠夫（T.Sashima）	日本	税务司	1942—1943.1.26
饭田谦（T.E.Tanaka）	日本	税务司	1943.1.26—1945.8.24
温叶声	中国	帮办（原关员）	

说明：此表来源于《档案见证东海关》

第二节　东海关兼办事务

因登莱青道政府职能设置并不完善，面对开埠后烟台发生的变化情形并未能完全适应，加之对于开埠后社会必然面对的近代化历程准备不足，导致一些社会公共事业的管理运行仍处于真空状态。而东海关大部分管理人员都属于外籍人士，他们有着丰富的开埠地的工作经验，因此东海关在履行自身职能的同时，还兼办了其他与自身业务无关的、本该由政府或其他部门完成的工作任务。

一、港务

烟台开埠之初，作为南北中转的海上枢纽，国内外贸易快速发展，年进出口贸易额一度相当于同期开埠的天津和牛庄两个口岸总和的两倍，由此也能看出烟台在当时中国社会的地位。但相对于商船云集、经贸快速发展的局面，烟台港的管理、建设却极其滞后，给烟台港的发展及来往船只管理造成了诸多不便。东海关成立后立即着手对这种情况进行了改变，主动承担起了港口管理的职责，实际上控制了烟台港的管理权。

首先在港口建设上。一是从1864年开始，从海关船钞（船舶吨税）中抽取12500两白银修建了海关码头，这是烟台港第一座公用码头，东海关税务司自然而然掌管了港口、引水、检疫、往来各通商口岸的船只、各个码头的收费等，几乎所有烟台港的管理职能都交给了东海关。二是修建了烟台港航道的一

开埠与烟台

系列灯塔,同治六年(1867年)三月,建成了烟台港的第一座灯塔——卢逊灯塔(后改名为崆峒岛灯塔);同治七年(1868年)东海关在烟台山烽火台上修建简易灯楼和旗杆,这是烟台山灯塔的前身,1905年正式的烟台山灯塔建成,成为烟台港标志性建筑;1874年修建成山角灯塔;1882年修建埃矶岛灯塔;1883年修建镆铘灯塔;1891年建成赵北嘴灯塔。这一系列灯塔的修建,完善了烟台航道的引航系统。三是两条岸路工程的修建。开埠后各国洋行开始修建私人码头,严重影响了烟台港的统一管理和发展。光绪二十一年(1895年),东海关制订了"南北公共码头岸路工程"方案,将所有私人码头连接起来形成统一管理的海关码头。四是1901年烟台华商组织"烟台大会"募集资金组织修建"东西公共码头岸路工程"。五是1913年在外国人参与下,烟台成立了第一个港口建设管理机构——烟台海坝工程会,并决定由荷兰人勘察设计,修建烟台港东、西防波堤,这项工程的竣工,使得东、西防波堤与东西岸路之间形成了烟台港的人工港池。

图3-3 1921年竣工的防波堤

其次是制定了一系列规章制度。如《烟台口东海关管理章程》和《东海关船只进口章程》，这两个章程分别是对东海关和烟台港管理的规范性文件，自此港务工作有章可循，进出船只管理规范，后来还颁布了新的《管理船舶章程》和《烟台口各国商船进出口起下货物完纳税钞章程》，使得港口管理更加健全。

最后是海洋气象观测。开埠后一段时间，烟台港的气象观测仍然停留在中国原始的依靠经验判断天气及海水情况的阶段，这给来往船只带来了极大风险，进出港口的船只因天气原因造成的事故也非常多，严重影响了贸易的发展。从1880年开始，东海关设立了测候所，负责对周边海域进行气象观测，为船只通行提供便利。

二、邮务

1866年清政府决定将各使馆的邮递业务交海关统一办理，这一年东海关设置了邮务办事处。一开始只负责各驻烟领事馆及海关本身的公私信件，后逐渐将范围扩大到所有在烟外国侨民。当时开辟有烟台—北京、烟台—牛庄、烟台—镇江三条长差邮路。1877年11月30日，中国海关总税务司赫德派津海关税务司德璀琳以天津为中心，在北京、天津、烟台、牛庄和上海五地海关设书信馆试办邮政（后来改名为邮局）。7月23日东海关正式开办邮政业务，名称为东海关"送信官局"，7月24日"华洋书信馆"在天津成立，同时在烟台设分馆，办公地址就位于东海关税务司公署。1882年10月"华洋书信馆"改

开埠与烟台

为送信局，后又改为书信馆。直到1893年大清烟台邮局在海岸街开业，东海关不再兼办烟台邮政业务。

1896年7月22日清政府再次批准由东海关继续兼办烟台邮政业务，1897年2月20日由海关兼办的大清帝国邮政成立，清政府以通商口岸为标准划分邮界，烟台被划为正邮界，东海关邮政改为大清邮政烟台总局，由东海关税务司兼任邮政司，并在青岛设邮局（隶属于烟台的分局），山东省内各邮政分局与代办所均由烟台管理。这一年烟台邮局第一次发行明信片，面值为1分银，上绘海关龙旗，开办国际信函、包裹业务。1898年1月1日，开办国内普通汇兑业务，5月1日开办国内普通包裹业务，同年10月在蓬莱设登州邮局，是烟台邮界内第一个分局，年末又在黄县、威海开设分局。1899年在宁海州、石岛、曹县、济南、莱州、文登、莱阳开设分局。仅1901年就接发信件412320件、明信片12703张、报纸和书籍98889份、包裹4670个，由此可见当时民众对于邮政业务需求的迫切程度。1901年增设齐河、蒙阴、济宁、沙河、泰安、兖州、藤县、刘公岛邮政分局。1903年又开设栖霞、招远、海阳、荣成、北马、朱桥、龙口、诸由观邮政代办所。1906年烟台邮政总局开辟烟台—大连海上邮路，由烟台政记轮船公司负责代运邮件。1910年大清邮政烟台总局改名为烟台邮政副总局，归济南邮政总局管辖。1911年清政府成立邮传部接管邮政，邮政脱离海关管理，烟台邮政副总局也脱离东海关，仅保留了东海关在邮政副总局的办事处，海关邮局的邮政业务至此全部结束。

三、蚕业改良

养蚕、缫丝、丝绸业一直是烟台传统的优势产业。据统计，在1912年烟台中外缫丝厂多达数百家，从业人员5万余人，这种行业的进步、技术改进本应由政府有关部门承担，但实际上鉴于蚕业改良涉及众多从事该业出口的洋行切身利益，这一任务也由东海关承担。1919年东海关税务司苏古敦向北京提出倡议，请求成立蚕业改良委员会（也被称为华洋丝业联合会），1920年在经营蚕丝业的仁德洋行和敦和洋行主导下，正式成立烟台华洋丝业联合会，由东海关监督王潜刚任会长，苏古敦任副会长。华洋丝业联合会成立后聘请专家进行科学实验，1922年建立了蚕丝专科学校，专门对树木种植、养蚕、缫丝等进行技术研究。1932年2月9日，国民政府财政部核准，将华洋丝业联合会改组为烟台丝业促进委员会，以促进本埠蚕丝贸易，改良缫制和研究蚕丝学术为主旨，仍由东海关监督吴洁华担任会长，税务司、法国人伯罗德担任副会长。

四、其他

一是对外交涉事务。如1876年8月21日，在东海关监督衙门北洋大臣李鸿章与英国公使威妥玛就马嘉理事件进行谈判，9月13日在东海关税务司公署签订《烟台条约》。二是负责检疫。1917年总税务司任命的烟台港检疫官马尔考姆到任，东海关开始对进入港口的船只进行检疫，马尔考姆一直在烟台任检疫官到1938年12月，其间港口检疫一直归东海关负责。

三是负责渔政。东海关成立后就承担了本该由政府管理的渔政工作，到1928年东海关正式成立渔政局，专司征收鱼税工作。

第三节　东海关建筑

东海关成立后在烟台港周边进行了一系列建设活动，但也有大量之前来到烟台的洋人直接购买的房产，这些房产大部分位于烟台山上，至今也保留了一些近代历史建筑。主要包括东海关税务司公署、税务司官邸、检查长官邸、帮办官邸、职员宿舍、发讯台、验货房和税官俱乐部建筑等。同时东海关还负责烟台邮政事务的办理，在海关内部设有书信馆。1880年开始东海关还设立有测候所，负责进行气象观测，服务于港口船只航行、管理。

东海关税务司公署

汉南上任后第一件事便是修建东海关税务司公署，税务司公署门前街道也被命名为海关街。东海关最初办公及汉南居住租用的是世昌洋行的房屋，后因面积过小经总税务司赫德批准，于1866年在烟台山下离港口不远处修建起了一栋二层洋楼，用于办公及职员住宿，即东海关税务司公署。公署一楼为海关验货、征税用，东南角有一间"北方巡工司办公室"，西门两侧设有两耳房，北耳房为报关处，南耳房为员工宿舍。二楼主要为税务司、检查长、税务司帮办等管理人员办公室。东海关税务司受清政府总理衙门三口通商大臣和总税务司双重领导。署内设秘书、总务、会计、检查、港务五课,课下设台。1876年李鸿章与英国公使威妥玛在这里谈判并签订中英《烟台条约》,进一步加深了中国半殖民地半封建化的程度。1878年3月在此设立书信馆,负责办理烟台邮政业务。

图3-4 东海关税务司公署旧址

该建筑位于芝罘区向阳街道办事处海关街6号,占地5200平方米,坐东面西,独立院落,主体为二层砖石结构楼房,中西合璧风格,四面坡红瓦屋顶,建筑面积990平方米。院内设有假山,院门口外侧有码头、验货场和货栈。1987年被公布为市级文物保护单位,1992年被公布为省级文物保护单位,2006年随烟台山近代建筑群一起被公布为全国重点文物保护单位。

东海关验货房

东海关验货房是东海关码头的配套设施,1866年随着码头一起竣工,位于太平湾码头西南侧,作为当时东海关检验进出口货物的主要场所。东海关严格按照《烟台口东海关管理章程》和《东海关船只进口章程》,以及后来颁布的《管理船舶章程》和《烟台口各国商船进出口起下货物完纳税钞章程》,在此经办货轮停靠、货物检验检查等工作。该建筑位于芝罘区向阳街道办事处东太平湾南侧,坐南面北,单层砖木结构,建筑面积412平方米,西山墙上写有明显的"验"字标识。

图3-5 东海关验货房(历史照片)

东海关税务司官邸

原为英国人泰勒在烟台山建造的二层西式楼房，占地2.585亩。1867年东海关将其房产作价1139.03两海关银购下，并在此基础上修建了税务司官邸，是东海关为历任税务司提供的住宅。该建筑位于芝罘区向阳街道办事处烟台山东路5号，坐北面南，二层砖石结构，占地2700平方米，建筑面积800平方米，建筑东侧有外廊，供主人休憩观赏海景。

图 3-6 东海关税务司官邸旧址

东海关讯台

原为美国驻烟台领事福勒所有的住宅（1889—1894年），1892年东海关将此平房建筑作价3116两银圆购下，建成无线电发讯台，用于海关电报的收发。后来又进行了改扩建，现有的建筑为1933年建成，用途为电台收发室及工作人员住宅。该建筑位于芝罘区向阳街道办事处烟台山西路26号，为单层砖木结构，建筑面积215平方米，院内设有无线电架杆一座。日军侵占烟台后，该电台被日本海军强行占领，日军撤退时将器材或带走或破坏，发讯台遂废弃。

图3-7 东海关讯台旧址

东海关高级验货员宿舍（外国职员宿舍）

原为海德松房产，西式二层楼房，占地1.871亩，1891年东海关将房屋购下作为高级验货员宿舍。现有建筑为1904年在原建筑基础上改扩建而成，位于芝罘区向阳街道办事处烟

第三章 东海关的建立

台山西路28—32号，坐北面南，占地1300平方米，建筑面积487平方米，两层砖木结构，平面呈长方形，具有浓郁的英国建筑风格。

图3-8 东海关高级验货员宿舍旧址

东海关外勤职员宿舍

原为佐治在烟台山修建的平房，共有20间，位于税务司官邸西南侧，占地2.354亩。1893年东海关将其房产作价1173.37两海关银购下，用作外勤职员宿舍。该建筑于1997年前后被拆除。

东海关帮办宿舍

原为汉南在烟台山建造的西式房子，共五间，位于税务司官邸西南侧，占地 6.678 亩。1869 年东海关将其房产作价 1915.71 两海关银购下，用作帮办宿舍。该建筑于 1997 年左右拆除。

东海关已婚帮办宿舍（公馆）

原为司那德和克拉其在烟台山修建的二层西式楼房，占地 4.731 亩。1891 年东海关将其房产作价 5386 两海关银购下，作为已婚帮办宿舍。1907 年进行了改造成为现有建筑。原有建筑为二层砖混结构，四面坡屋顶。现有建筑为砖石木混合结构二层楼房，双面坡红瓦屋顶带有阁楼。

图 3-9 东海关已婚帮办宿舍旧址

第三章 东海关的建立

东海关总检查长官邸

此建筑原为英国和记洋行创始人之一、荷兰首任驻烟领事英国人康纳德（W.A.Cornabe）及夫人的住宅（很多现代史材料将 W.A.Cornabe 翻译为顾挐璧，本书统一采用了陈海涛、刘慧琴编译的系列丛书观点，将之翻译为康纳德），共有房子7间，占地4.213亩。1885年东海关将此房产作价5628.37两海关银购下作为总检查长宿舍。现有建筑位于芝罘区向阳街道办事处烟台山西路25号，坐北面南，占地2800平方米，建筑面积800平方米，单层四面坡建筑，房屋周围有一圈外廊，现辟为冰心纪念馆。

图3-10 东海关总检查长官邸旧址

东海关单身稽查员宿舍

原为卡勒在烟台山西南角下建造的一栋西式楼房，楼房共有房间 14 间，另有附属平房 3 处共 20 间。1890 年东海关将其购下作为单身稽查员宿舍。该建筑今已不存。

第四章　领事馆的设立

烟台开埠后,帝国主义列强纷纷来到烟台,先后有十七个国家在烟台建立领事馆或设立领事,保护各自既得利益。这些领事馆大部分位于烟台山上及周围,形成了一片较为集中的烟台山领事馆区。

英国领事馆

1858年《天津条约》规定登州开埠,1859年英国便在登州设立外交领事机构,由英国人密士担任首任领事,这是烟台域内最早的一座外国领事机构。1860年12月英国驻华公使马礼逊由天津来到烟台,筹办开埠事宜并在山东境内进行考察,将开埠口岸由登州改为烟台。1861年3月11日马礼逊来到烟台,决定在烟台设立第一座领事馆。但当时并无馆址,经过考察他将修建领事馆的地点选在了离港口不远的烟台山,这里紧靠港口,面向大海,风景秀丽,既利于办公休闲又利于对港口进行管理。1864年他从当地人手中购买了烟台山东北角的一片土地,首先建成了一个带有围墙的、占地约48亩的院落,修建房屋作为临时领事馆。1870年英国人博伊斯来到烟台主持设计和建造了领事办公楼、副领事办公楼、官邸、警察局和拘留所，以及附属建筑等7栋领事馆建筑。1878年领事馆将部分土地和附属建筑租给了伊丽莎白·尼古拉耶娃·斯塔塞夫夫人，领事馆仅余办公楼、领事官邸等4栋建筑。英国领事馆是各国驻烟领事馆中规模最大、时间最早的一座，英国领事长时间都是烟台领事团首席领事，其工作主要是为当时在烟台从事贸易的英国商人、传教士及居民提供服务。领事李蔚海曾致函英外交部："烟台要正式开辟与英国的直接贸易，在渤海湾的三个通商口岸中，最适合与英国进行直接贸易的就是烟台。"1870年英国福开森公司在烟台港建设了自己的码头——福开森码头，促使从英国加的夫港到烟台第一次直通试航成功。英商在烟台的发展最快、规模最大，先后在烟台设有20余家洋行，从事外贸、保险、银行、航运等行业。

1941年12月太平洋战争爆发后，领事馆被日军查封，英国在烟台的权益由二战中立国瑞士驻青岛领事艾格代理。1945年领事馆闭馆。1948年10月烟台解放后，建筑被解放军进驻使用。1964年中国外交部与英国外交部达成协议，无条件将房产收回，仍归部队使用，此后一直作为部队房产。2002年划归烟台市文化局烟台山文物管理处。2021年划归烟台市文化和旅游局。

现有建筑位于芝罘区向阳街道烟台山东路7—8号，主要包括英国领事馆和领事官邸两部分。领事馆建筑属于英殖民地早期风格，面向东南，四面坡红瓦屋顶，单层砖木结构，平面呈正方形，建筑面积170平方米，四周设有开放式外廊。领事官邸建筑风格与领事馆相同，平面呈"凹"字形，建筑面积650平方米。两处建筑1983年被公布为市级文物保护单位，1992年被公布为省级文物保护单位，2006年与烟台山近代建筑群一起被公布为全国重点文物保护单位。

图4-1　左图为英国领事馆旧址，右图为领事官邸、附属建筑旧址

清代英国驻烟台领事馆历任领事一览表

时　间	姓　名	职务	国别	备　注
1859年	密士	领事	英国	驻登州领事
1860年12月	马礼逊	领事	英国	1861年3月领事移驻烟台
1869年11月	李蔚海	领事	英国	
1871年3月	梅辉立	领事	英国	
1873年5月	郇和	领事	英国	
1874年	李蔚海	领事	英国	第二次出任
1878年4月	嘉托玛	领事	英国	代理
1880年	马夏礼	领事	英国	
1883年5月	璧利南	领事	英国	
1885年3月	宝士德	领事	英国	代理
1891年	阿林格	领事	英国	代理
1896年3月	布勒克	领事	英国	
1897年1月	金璋	领事	英国	代理

续表

1900年3月	谭得乐	领事	英国	
1901年12月	雷夏伯	领事	英国	
1903年6月	额必廉	领事	英国	
1906年6月	雷夏伯	领事	英国	第二次出任
1908年	麦迪莫	领事	英国	
1911年	傅夏礼	领事	英国	

法国领事馆

1861年法国政府在烟台设立领事馆，但因为当初尚没有法商在烟台活动，领事临时由英国领事兼任或由英国商人代理，如滋大洋行创始人福格森、英国领事李蔚海、英国领事璧利南、滋大洋行经理韦历奇等人先后代理或兼任。1901—1910年法国人叶国麟任副领事。1921年曾临时闭馆。1938年后再次由英国领事代理。

法国领事馆先后有三处馆址。第一处位于今烟台山下金海湾大酒店位置，1861年开馆后短暂存在，建筑今已不存。第二处位于俄国领事馆西侧原海岸路烟台八中附近，建筑今已不存。第三处馆址利用了烟台山西坡原英商西葛洋行建筑。此外还曾于1915年短暂在海岸街北侧圣玛利亚天主教堂附属建筑内办公（今烟台山公园售票处）。

现有建筑为法国领事馆第三处馆址所在西葛洋行旧址，位于芝罘区向阳街道办事处烟台山西路2号，新文艺复兴风格，平面呈方形，坐东面西，双层砖木结构，四面坡青瓦屋顶，带阁楼，建筑面积950平方米。2006年与烟台山近代建筑群一起

第四章
领事馆的设立

被公布为全国重点文物保护单位。

图 4-2 上图右侧高耸建筑即为法国领事馆（历史照片），下图为法国领事馆旧址近景，曾作为西葛洋行

清代法国驻烟台领事馆历任领事一览表

时间	姓名	职务	国别	备注
1861 年	费乐孤	领事	英国	
1864 年	池务治	领事	英国	
1867 年	阿查理	副领事	英国	英国领事馆职员兼任
1868 年 5 月	马安	副领事	英国	
1869 年 11 月	李蔚海	副领事	英国	英国领事馆领事兼任
1878 年 4 月	嘉托玛	副领事	英国	英国领事馆代理领事兼任

续表

1880 年	马夏礼	副领事	英国	英国领事馆领事兼任
1883 年 5 月	璧利南	副领事	英国	英国领事馆领事兼任
1885 年	福格森	副领事	英国	
1892 年 4 月	韦历奇	副领事	英国	英国滋大洋行经理代理
1896 年 11 月	博迈逊	领事	英国	
1901 年 10 月	叶国麟	副领事	法国	1907 年后任领事
1910 年 10 月	苏馨继	领事	法国	

美国领事馆

1861 年美国政府开始向烟台委派领事，隶属于美国天津领事馆，首任领事为美国人柯尼兹，此后直到 1871 年，历任领事都由活动在烟台的美国传教士、商人等兼任，有时候甚至是别国商人兼任，这一阶段美国领事馆没有正式房屋作为领事馆专用。1871 年之后美国政府开始正式租用房屋作为领事馆，有学者推断当时租用了美国商人花马太的房产，时任领事为英国商人威雅森。1873 年 3 月 20 日，依照美国设在天津的领事馆的权限，美国政府在烟台设立了正式的外交领事机构。1896 年 8 月 20 日，这一机构正式升格为领事馆。1904 年 2 月，又再次升格为总领馆。1909 年 7 月 1 日，重新降为领事馆。其间几任领事仍是由英国人担任，已知名的有和记洋行的康纳德和埃克福德。1896 年美国政府购下了英国领事馆在烟台山东北角的建筑作为新的领事馆办公楼，时任领事为美国人福勒，一直到 1924 年都在此办公。1924 年后美国领事馆搬到了现有建筑内，该建筑始建年代及用途不详。但《山东省志·外事志》认为，

第四章
领事馆的设立

从 1871 年开始美国领事馆馆址就位于烟台山西路 3 号的西葛洋行（今山海美术馆）内，但大多数学者不持此观点，普遍认为西葛洋行是法国领事馆的第三处馆址。

现有的文物部门认定的美国领事馆建筑包括领事馆办公楼和领事官邸两栋建筑。领事馆办公楼位于芝罘区向阳街道办事处历新路 7 号（烟台山东路），有东南两个入口，坐北面南，平面为正方形，二层砖混结构，亚洲殖民地早期风格，建筑面积 820 平方米。领事官邸为欧美新古典主义风格，坐北面南，平面为正方形，三层砖混结构，四面坡顶，设有开放式外廊，建筑面积 1050 平方米，现为烟台开埠陈列馆。两处建筑 1987 年被公布为市级文物保护单位，1992 年被公布为省级文物保护单位，2006 年与烟台山近代建筑群

图 4-3 美国领事馆、美国领事官邸旧址

开埠与烟台

一起被公布为全国重点文物保护单位。

清代美国驻烟台领事馆历任领事一览表

时　　间	姓　　名	职务	国别	备　　注
1861 年	柯尼兹	领事	美国	
1864 年 8 月	麦培端	领事	美国	
1865 年 9 月	桑佛彝	领事	美国	
1868 年 5 月	花撒密	领事	美国	代理
1871 年 5 月	威雅森	副领事	英国	英国商人兼任
1873 年 4 月	康纳德	领事	英国	英国和记洋行经理代理
1877 年 11 月	埃克福德	领事	英国	英国和记洋行经理代理
1882 年 5 月	包费德	副领事	美国	
1889 年	福莱	副领事	美国	
1894 年 4 月	达纳履	副领事	美国	
1896 年 8 月	福勒	领事	美国	

挪威、瑞典领事馆

1864 年挪威、瑞典在烟台合设领事馆，位于烟台山东路 14 号。1906 年两国领事馆馆址分开，瑞典领事馆搬迁到海岸路，挪威领事馆还曾短期使用士美洋行作为馆址，但仍由同一人兼理两国领事。挪威领事馆于 1945 年闭馆。瑞典领事馆于 1941 年被日军查封闭馆。

图 4-4　位于海岸街的瑞典领事馆旧址

现有建筑一处（挪威瑞典合用领事馆）位于烟台山东路14号，保留了16世纪欧洲市民建筑特点，两层砖木结构楼房，对称布局。1996年被公布为市级文物保护单位。

另一处建筑（瑞典领事馆）建于1904年，位于芝罘区向阳街道办事处海岸街9号，钢筋混凝土结构，两层楼房，四面坡屋顶带阁楼。

清代挪威、瑞典驻烟台领事馆历任领事一览表

时 间	姓 名	职务	国别	备 注
1864 年	I.D.Thorburn	领事	不详	
1864 年 8 月	威雅森	副领事	英国	英国商人兼任
1869 年 5 月	康纳德	副领事	英国	英国和记洋行经理代理
1877 年 11 月	埃克福德	副领事	美国	英国和记洋行经理代理
1891 年 3 月	雷福士	副领事	英国	代理
1898 年 9 月	顾林森	副领事	不详	
1899—1931	不详			
1932 年	克房伯	领事	不详	英国敦和洋行经理代理

德国领事馆

1867年3月德国在烟台设立领事馆，首任副领事为严森，具体馆址不详。1873—1890年太古洋行经理哈根任副领事。1890年连梓任副领事。至于德国领事馆的具体位置和所用建筑，现在说法较多。但可以肯定的是已知馆址共有三处，第一处馆址是1890年之前，位置不详。第二处为1890年之后，有两种说法，《山东省志·外事志》记载的是在朝阳街45号的盎斯洋行；《烟台房地产志》记载的是在烟台山龙王庙正北丹麦领事馆处，这处建筑在1920年毁于一场火灾，之后才有了现

在丹麦领事馆（极有可能为德商施密茨住宅）。第三处馆址也有两种说法，一是认为 1910 年迁入了丹麦领事馆东侧原美国浸信会席曼的住宅，二是认为 1905 年迁入了烟台山东领事路的美国侨民美南浸信会传教士宴玛太的别墅。根据描述的位置分析，以及综合《山东省志·外事志》记载有关情况看，作者认为这两处馆址很可能是同一处建筑，这处建筑在 1995 年毁于一场大火。1918 年一战期间德国领事馆建筑被北洋政府没收，领事馆关闭。1935 年纳粹政府又在烟台设立代理领事，由德国盎斯洋行经理布斯兼任。1943 年正式建立领事馆，这一时期领事馆又重新设于盎斯洋行内。1945 年 8 月闭馆。

除盎斯洋行这处馆址外，其余两处馆址均已不存，盎斯洋行建筑描述在"洋行"章节另有描述。

图 4-5 远处最右侧高起的建筑即为德国领事馆（历史照片）

清代德国驻烟台领事馆历任领事一览表

时　间	姓　名	职务	国别	备　注
1867 年 3 月	严森	副领事	德国	
1872 年 2 月	发斯模	副领事	德国	
1873 年	哈根	副领事	英国	
1890 年	连梓	副领事	德国	1897 年授领事

第四章 领事馆的设立

荷兰领事馆

1867年荷兰在烟台设领事,但其领事均由他国领事兼任或外侨代理,无常设领事馆,曾短期将士美洋行大楼作为领事馆,闭馆时间不详。

清代荷兰驻烟台领事馆历任领事一览表

时间	姓名	职务	国别	备注
1867年	康纳德	副领事	英国	英国和记洋行经理代理,后授领事
1877年11月	埃克福德	领事	英国	英国和记洋行经理代理
1891年3月	雷福士	领事	英国	代理
1899年3月	吉勃里	领事	不详	
1905年12月	连梓	领事	德国	德国领事兼任

丹麦领事馆

《山东省志·外事志》记载:"丹麦驻烟台领事馆初设于1867年,其领事初为英国人,1894年后均由俄领事代理。闭馆时间不详。"宋玉娥著《烟台近代建筑》一书中提及:"1867年在烟台建立领事馆。1919年闭馆。"前丹麦驻华大使白慕申出版了《和平与友谊:丹麦与中国官方关系,1674—2000》一书记载:"1863年7月13日,丹麦与清政府在天津签订了《中丹友好通商通航条约》。条约开列了所有对丹麦船只开放的口岸:除广州、厦门、福州、宁波和上海五个原来的通商口岸外,还增加了华南的汕头、长江沿岸的南京、镇江、九江和汉口,华北的芝罘(烟台)、天津和营口,以及台湾的淡水和台湾府(台南)以及海南的琼州(今天的海口)。"由此可知,

/ 065 /

开埠与烟台

烟台已成为对丹麦船只开放的通商口岸,这意味着丹麦可以在烟台建立领事馆。因此可以认定丹麦驻烟领事存续的时间为1867—1919年是合理的,但领事馆究竟位于什么位置或者是否建立却无从考证。根据《山东省志·外事志》的描述,丹麦领事始终由英国人和俄国人代理,可推测为没有属于自己的领事馆。宋玉娥在《烟台近代建筑》一书中认定位于烟台山北麓的一栋建筑即为丹麦领事馆,却没有列出具体依据。相反如今有许多学者对丹麦领事馆进行考证,认为目前现存的这栋建筑始建年代为1920年,这一时期丹麦在烟台已经没有了外交领事。因此认为丹麦领事馆位置不详,无从考证较为合理。

清代丹麦驻烟台领事馆历任领事一览表

时 间	姓 名	职务	国别	备 注
1867年	瓦德门	副领事	英国	
1874年	哥兰克	副领事	英国	
1883年6月	埃克福德	副领事	英国	英国和记洋行经理代理
1891年3月	雷福士	副领事	英国	代理
1894年2月	敖康夫	副领事	英国	俄国领事兼任
1899年11月	罗格斯	副领事	俄国	俄国领事兼任
1902年8月	体德满	副领事	俄国	俄国领事兼任
1905年11月	克理斯悌	领事	俄国	俄国领事兼任

意大利领事馆

1871年5月意大利在烟台设立领事馆,首任领事由英领麦辉立兼任。其领事早期均由英国人兼任。1904年意大利派兰兹到烟台修建了领事馆,但具体位置不详,此时但仍由德国、英国人代理或兼任。1938年4月,日军占领烟台,意大利作为日

第四章
领事馆的设立

本盟军,强迫将早期的天主教会客栈改造成了意大利领事馆,意大利人毕哥那担任副领事。1943年意大利向盟军投降后,其领事馆被日军查封,1945年8月闭馆。20世纪80年代,该建筑曾作为烟台海洋渔业公司渔轮造船厂宿舍,目前为喜乐酒店。

现有建筑位于芝罘区向阳街道办事处东太平街口,欧美新古典主义风格,坐西面东,双层砖混结构,建筑面积1300平方米,平面呈"L"形。2006年与烟台山近代建筑群一起被公布为全国重点文物保护单位。

图4-6 1938年之后的意大利领事馆旧址

清代意大利驻烟台领事馆历任领事一览表

时　间	姓　名	职务	国别	备　注
1871年5月	麦辉立	副领事	英国	英国领事兼任
1880年10月	阿希勒巴拉必额	领事	英国	代理
1886年	哈根	领事	英国	英太古洋行经理代理
1891年3月	雷福士	领事	英国	代理
1899年5月	连梓	领事	德国	德国副领事代理
1899—1938年				由德国、英国人代理
1938年4月	必哥那	副领事	意大利	

奥地利、匈牙利领事馆

奥匈帝国是1867—1918年，由奥地利帝国和匈牙利帝国组成的一个联盟，全称是"帝国议会所代表的王国和领地以及匈牙利圣史蒂芬的王冠领地"，简称奥匈帝国。在这种情况下，两国在外事方面（外交和国防）统一由帝国中央政府处理。奥匈帝国在一战之后作为战败国解体，分裂为多个国家，主要有奥地利、匈牙利、捷克、斯洛伐克。1873年5月奥匈帝国在烟台设立领事馆，1900年之前其领事一般由英国驻烟领事兼代。1902年奥地利著名酿酒师巴宝受张裕葡萄酿酒公司的聘请来到烟台做酿酒师，同时兼领事馆副领事。巴宝是奥地利名望贵族，出身于酿酒世家，父亲就是葡萄酒酿造专家，曾发明过测定葡萄的糖度表，人称"克洛斯特新堡糖度表"。巴宝在青年时期随父亲学习葡萄酒酿造技艺，并在奥地利葡萄酒行业颇有名气，获奥匈帝国颁发的酿酒证书。巴宝主持酿制出雷司令、夜光杯、佐谈经、琼瑶浆等15种葡萄酒及高月、可雅白兰地产品，工艺各异，个性鲜明，很快便风靡一时。1919年巴宝奉命回国，离开了他工作了18年的烟台。一年后的巴拿马万国博览会上，产自中国烟台张裕的"可雅白兰地""红玫瑰葡萄酒""味美思""雷司令白葡萄酒"一举荣获4枚金质奖章，这是中国葡萄酒第一次走上世界博览会领奖台，造就了中国葡萄酒发展史上的一段传奇。在此期间巴宝一直是奥匈帝国领事馆的领事。随着一战的结束，1919年领事馆关闭。该馆馆址位于今天大马路张裕博物馆院内，建筑今已不存。

清代奥匈帝国驻烟台领事馆历任领事一览表

时间	姓名	职务	国别	备注
1873年5月	郇和	副领事	英国	英国领事馆副领事代理
1874年	李蔚海	领事	英国	英国领事馆领事兼职
1878年4月	嘉托玛	领事	英国	英国领事馆领事兼职
1880年	马夏礼	领事	英国	英国领事馆领事兼职
1883年5月	璧利南	领事	英国	英国领事馆领事兼职
1885年3月	宝士德	领事	英国	英国领事馆领事兼职
1891年	阿林格	领事	英国	英国领事馆领事兼职
1896年3月	布勒克	领事	英国	英国领事馆领事兼职
1897年1月	金璋	领事	英国	英国领事馆领事兼职
1900年3月	谭得乐	领事	英国	英国领事馆领事兼职
1901年12月	雷夏伯	领事	英国	英国领事馆领事兼职
1902年1月	巴宝	副领事	奥地利	直到1919年闭馆

比利时领事馆

1874年8月比利时在烟台设立领事馆，但其领事一职始终由其他外国领事馆兼管或者由其他外侨代理，也始终没有建立领事馆址，1945年闭馆。

日本领事馆

1875年11月日本在烟台设立外交领事机构，由天津日本总领事馆副领事兼理。1876年5月16日本政府在烟台山租赁房屋作为领事馆址，正式设立领事馆，由英国人乔治·迈克兰代理领事。1880年7月再次改由天津日本总领事馆兼管。1883年11月东次郎被任命为正式的日本驻烟台领事。1876—1901年日本政府始终租赁烟台山使馆区欧美人士住宅作为办公场所。1894年8月4日，中日甲午战争爆发，日本领事馆临时闭馆一年，次年8月3日重新开馆。1901年日本政府在烟台山领事署路西侧建起了一座双层砖木结构房屋作为领事馆。1937年随着卢沟桥事变爆发，8月20日领事馆关闭。1938年2月日军占领烟台后，重新开馆（并在威海设立领事分馆），并委托大连日本三田组将旧建筑拆除，重新建立了新的领事馆。新建领事馆包括官邸（也作发报楼）、办公楼和宿舍（也作日本医院）三个部分。1945年8月，日本领事馆再次闭馆。

清末至民国，日本领事馆一直是日本间谍活动的场所，甲午战争前后大批间谍活动于此，收集威海、烟台的军事、经济情报和绘制地图。九一八事变后，1931—1932年烟台曾爆发民众抗日游行示威活动，并包围日本领事馆。1941年太平洋战争爆发后，日军查封多家盟国驻烟领事馆，广泛建立间谍、特务等情报机构，服务于日军侵略行为，还诱骗胶东劳工赴东北和日本务工。

现有建筑位于芝罘区向阳街道办事处烟台山西路4号。办

第四章
领事馆的设立

公楼为二层钢筋混凝土结构,建筑面积 800 平方米,平面呈正方形,坐西面东,二层有观景平台,现辟为旗源旗袍博物馆。官邸位于办公楼东南,同样是二层钢筋混凝土结构,建筑面积 260 平方米,平面呈正方形,坐东面西,现辟为旗源旗袍博物馆办公楼。宿舍楼(医院)位于办公楼南侧,东半部分为四层,西半部分为三层,砖混结构,平面呈长方形,北立面有开放式外廊,现空置。

图4-7　上为日本领事馆办公楼旧址、左下日本领事馆官邸旧址、右下为日本领事馆宿舍(医院)旧址

清代日本驻烟台领事馆历任领事一览表

时间	姓名	职务	国别	备注
1875 年 11 月	池田宽治	领事	日本	日本驻天津副领事兼理
1876 年	乔治·迈克兰	领事	英国	又称麻克连代理
1880 年 7 月	竹天进一郎	领事	日本	日本驻天津副领事兼理
1883 年 11 月	东次郎	领事	日本	代理
1885 年	松延玹	领事	日本	
1887 年	林权助	副领事	日本	
1889 年	能势辰五郎	领事	日本	代理
1892 年	久水三郎	领事	日本	代理
1893 年 12 月	伊集院彦吉	领事	日本	
1894 年	久水三郎	领事	日本	第二次出任
1897 年 10 月	田结铆三郎	领事	日本	
1902 年 5 月	水野辛吉	领事	日本	
1905 年	奥山清治	领事	日本	
1905 年 8 月	小幡酉吉	领事	日本	
1908 年 6 月	相羽恒次	副领事	日本	
1909 年 12 月	土谷久米	副领事	日本	

俄国领事馆（苏联领事馆）

1881 年 6 月俄国在烟台设立代理领事，由英国滋大洋行经理福格森代理。1892 年韦历奇代理领事。1894 年敖康夫代理领事。1899 年格罗思代理领事。以上都是英国人，直到 1902 年 8 月俄国人提德曼任副领事后，历届领事才由俄国人担任。俄国领事馆第一处办公场所位于烟台山，1904 年日俄战争期间被日本人捣毁。第二处办公地址是 1904 年租用俄国商人位于海岸路东段的别墅，是临海的一座两层砖木结构的楼房。第三处办公场所就是 1915 年建成至今保留的位于大马路 108 号的俄国领事馆。1919年俄国领事馆曾闭馆，1923年苏联在烟台设立领事馆，仍然利用了原有建筑，直到1925年闭馆。1928年苏联外交部曾申请交回领事馆资产。

现有建筑位于芝罘区东山街道办事处大马路108号，占地1.52亩，二层砖木结构，平面呈正方形，建筑面积581平方米，四面坡红瓦屋顶带阁楼，狭长门窗。1987年被公布为市级文物保护单位，2001年被公布为省级文物保护单位。

图 4-8 俄国领事馆旧址

清代俄国驻烟台领事馆历任领事一览表

时 间	姓 名	职务	国别	备 注
1881年6月	福格森	领事	英国	英国领事馆副领事代理
1892年4月	韦历奇	副领事	英国	英国滋大洋行经理代理

续表

1894 年 2 月	敖康夫	领事	英国	曾兼任丹麦、意大利领事
1899 年 11 月	罗格斯	领事	英国	曾兼任丹麦、意大利领事
1902 年 8 月	提德曼	副领事	俄国	
1905 年 11 月	克理斯悌	副领事	俄国	曾兼任丹麦、意大利领事

西班牙领事馆

1885年西班牙在烟台设立领事馆，一直为代理领事馆，没有馆址。1945年闭馆。

清代西班牙驻烟台领事馆历任领事一览表

时 间	姓 名	职务	国别	备 注
1885 年	福格森	副领事	英国	英国领事馆副领事代理
1892 年 4 月	韦历奇	领事	英国	英国滋大洋行经理代理
1902 年 1 月	巴宝	副领事	奥地利	奥匈帝国副领事代理
1903 年	叶国麟	副领事	法国	法国领事兼理

朝鲜领事馆

1901年10月朝鲜在烟台设立领事馆，一直为代理领馆，无馆址。起初由法国领事兼理，1905年后由日本领事兼理。

清代朝鲜驻烟台领事馆历任领事一览表

时 间	姓 名	职务	国别	备 注
1901 年 10 月	叶国麟	领事	法国	法国领事兼理
1905 年 8 月	小幡酉吉	领事	日本	日本领事兼理

芬兰领事馆

1932年芬兰在烟台设立领事馆,领事由敦和洋行经理克虏伯兼任,始终无专设机构。闭馆时间不详。

芬兰领事馆建筑位于芝罘区向阳街道办事处海岸街10号,坐南面北,两层砖石结构,两面坡红瓦屋顶代阁楼,建筑面积180平方米左右,2006年与烟台山近代建筑群一起被公布为全国重点文物保护单位。

图4-9 芬兰领事馆旧址

第五章　基督教的传入

开埠后首先涌入烟台的并不是商人,而是西方传教士。这些传教士一部分由我国南方自发或被教会组织委派来到登州、烟台进行传教,另一部分随军而来,照顾军人的日常宗教生活。之后随着越来越多的外国人来到烟台,西方宗教组织便将更多的传教士派到烟台,除了服务外国人外,还致力在烟台民众中传播宗教思想、发展信徒。烟台一度成为整个山东省外国传教士的中心。1901年郭显德首先发出倡议,在烟台修建传教士公所,也就是疗养院,因为烟台优美的自然环境、适宜的气候在外国人看来非常适合休养。1906年在约翰·斯图克和托玛琳的共同努力下,烟台传教士公所建成,可同时接受40人在此疗养,这一机构的成立促使更多的传教士来到烟台。一般来讲基督教可以划分为三个派别,分别是天主教、东正教和新教,其中东正教又叫基督教,每个教派又都各有分支。在烟台进行传教的大抵以天主教和东正教(基督教)为主。这些教会在烟台延续了西方的管理模式,都拥有较多的财产,除了建立教堂、传教外,还在当地兴办教育、医疗、孤儿院等公共事业,甚至插手政治事务,为政府进行间谍活动,窃取他国机密。

第五章
基督教的传入

第一节 天主教在烟台的传播

天主教最初于 1858 年由一济南神甫传入烟台，1860 年天主教巴黎玛利亚方济会各传教修女来到烟台，在烟台设立法国医院，服务于越来越多来到烟台传教的天主教徒。这一年还有一位意大利天主教神甫也来到了烟台传教。1862 年天主教应英国领事馆的请求，陆续派遣传教士来到烟台，为旅居烟台的欧洲商人进行宗教服务，并在当地民众中传播基督教，之后越来越多的天主教神甫来到烟台。在 1890 年之前天主教在烟台的活动受山东教区的领导。他们在烟台传播天主教、修建教堂和修女院，同时办理和资助教育、医疗、卫生等公益事业。

天主教白衣修女初学总院

1886 年 4 月 29 日，法国玛利亚方济会会祖苦难玛利亚修女，应天主教罗马教廷法国代表请求，委派法籍修女玛利赛巴斯提恩、玛利安聂斯、玛利阿桑浦信和英籍修女玛利拜克曼斯等 6 名修女来到烟台租房修道。1887 年巴黎方济各圣母传教会拨款，由玛利赛巴斯提恩负责修建修女院及修女住房，玛利赛巴斯提恩任院长。1923 年由比利时籍修女斯太凡娜增盖圣堂，并改扩建修女房为楼房。直到 1927 年加拿大籍修女阿玛布莱继续扩建，学院拥有楼房两栋、平房一栋，建筑 60 余间，建筑面积 4700 平方米，白衣修女初学总院全部落成，成为我国历史上第一座天主教白衣修女初学总院。白衣修女属神职人员

的一种，以身穿白衣区别于其他修女，从事祈祷和协助神甫进行传教，她们一般不外出传教。按照基督教的规定想要成为修女须在修女初学院学习6年后才可以毕业。该修女院首任院长为法籍修女玛利赛巴斯提恩。20世纪三四十年代，烟台白衣修女初学总院常驻修女和学员达40人左右。1934年修女总院在张家窑33号创办玛利亚喜乐堂。该修女院曾在院内设孤儿院一座、外国儿童学校一所、贫民小学一所。1945年8月迁往澳门，只留下数名修女掌管法国医院和孤儿院，白衣修女初学总院停办。1952年外籍修女离境，烟台市政府接管。1954年交烟台市交际处使用，1965年拆除部分房屋，1981年改为烟台山宾馆，后因宾馆扩建而全部拆除。

图5-1 山脚下左侧两栋建筑即为天主教白衣修女初学总院（历史照片）

原有建筑位于芝罘俱乐部（今胶东革命纪念馆）北侧，早期为四面坡双层石木结构，开放式外廊。1930年拆除重建，主建筑中西合璧风格，坐北面南，双层砖木结构，平面呈长方形，一楼为教室，二楼为宿舍，建筑今已不存。

天主教雷斯修道院

1902年7月天主教烟台教区法国主教常明德为了培养传教士，购买法国绸缎商意娜位于大海阳路的房产创建了雷斯修道院，教授拉丁文、哲学、神学等课程，学生毕业后可担任传教士等神职职务。雷斯修道院还在附近创办了崇真贫民男子小学，1906年在大海阳河西涯23号（原烟台三中所在地）设立圣安东尼修女院、麻风病院、门诊所和绣花工厂。1906年建成的麻风病院位于烟台西山，从最初收治3名病人到最终能同时收治35名病人，采用了当时最现代化的技术和措施，对烟台麻风病的防治起到了重要作用。1925年雷斯修道院学生转到济南新成立的神学院，修道院至此停办。1952年修道院改为教会生产基地，外籍工作人员全部离境。1959年主楼改为烟台人民广播电台。

现有建筑位于芝罘区白石街道青年路50号原烟台人民广播电台院内，由主楼、小型教堂和附属建筑构成。主楼坐西面东，建筑面积1050平方米，四面坡红瓦屋顶，平面呈正方形，双层砖木结构，开放式外廊。2011年被公布为市级文物保护单位。

图 5-2 天主教雷斯修道院旧址

崇实街 4 号修女院

1889年法籍总长姆姆玛德伦德爬滋在崇实街4号法国医院院内建造修女院。1890年方济各总会拨款令她修建修女院并扩建法国医院，1891年初步建成。1917年、1923年德籍修女郝培叶两次进行扩建。1936年法籍修女玛利保雷增建孤儿院一处。1937年修女院和附属医院全部建成。修女院内有一座天主堂，另设有崇德女子中学、小学各一所，幼稚园一处，残老院、孤儿院、花边编织厂各一处。修女院院长同时兼任法国医院院长。1952年修女院连同附属医院、残老院、孤儿院等被烟台市政府接管。建筑今已不存。

第五章 基督教的传入

天主教圣安东尼修女院（西山修女院）

1906年雷斯修道院在大海阳河西涯23号（原烟台三中所在地）设立圣安东尼修女院，又名西山修女院，首任院长为英国修女玛丽·贝克曼丝。1910年又兴建了圣安东尼天主堂一所，并在修女院内建立了崇道女子小学，还在院内设立孤儿院一座和花边编织厂一处，在坊子建有诊所一处。1953年修道院建筑划给烟台三中管理使用，今已不存。历任院长有：加拿大籍修女玛利智尔、玛斯林、智尔顿，法籍修女玛利玛蒂，英籍修女玛利拜克曼斯，波兰籍修女玛容斯拉，法籍修女马德俊，中籍修女梁淑贞等。建筑今已不存。

天主教圣若望修道院

1904年由法国天主教神甫马若望在南山路修建的一座修道院，又称"养老山天主教堂"，用于培养神甫等神职人员。1922年被华洋丝业联合会购买，蚕丝专科学校迁入后作为该校的教学楼和宿舍。建筑今已不存。

黄县若瑟小修院

1906年法籍范若瑟神甫在黄县马家庄创建了黄县若瑟小修院，最初为义学。1926年搬迁到雷斯修道院，1929年迁至益都，1945年解散。建筑今已不存。

烟台圣玛利亚天主教堂

圣玛利亚天主教堂全称为烟台玛利亚进教之佑圣母堂,也是天主教烟台教区主教府,烟台第一座天主教堂。1868年天主教方济会山东教区主教顾立爵来烟台传教,在英国滋大洋行资助下,由尼法尔神甫主持建造。1872年主教堂奠基。1886年塔楼和附属建筑全部建成。1894年山东东界教区即烟台教区在此正式成立,该教堂成为烟台教区主教堂,统辖管理山东东部(主要是烟台)27个县的教务。1908年教堂曾辅设印书房。该教堂首任主教为法籍神甫常明德,1911年法籍神甫罗汉光任主教。1936年法籍神甫董煦代理主教。1938年5月14日加拿大籍神甫杜安坤为烟台教区第三任代牧主教。1940年法籍神甫周德范代理主教。1947年9月法籍神甫董煦代理主教。1948年加拿大籍神甫江世范代理主教。1951年6月4日中籍神甫张曰津代理主教。1960年4月18日张曰津为烟台教区第一位中国正权主教。

原有建筑位于芝罘区向阳街道办事处海岸街中段路北(今胶东革命纪念馆停车场),哥特式建筑风格,共有5栋楼房,平房3栋,由主教堂、塔楼和附属建筑组成,主教堂坐东面西,建筑面积3800平方米,双层石木结构,平面呈"十"字形,正门门斗上有"ENGLISH CATHOLIGUE ST.MARIS"志石,是当时烟台最大、最宏伟的教堂。1952年,教堂被政府接管,1957年教会房产重新被归还,1959年底主教堂被拆除,1973年扩建烟台交际处宾馆(烟台山宾馆)时大部分房产被拆除。附属建筑今作为烟台山公园售票处。

第五章
基督教的传入

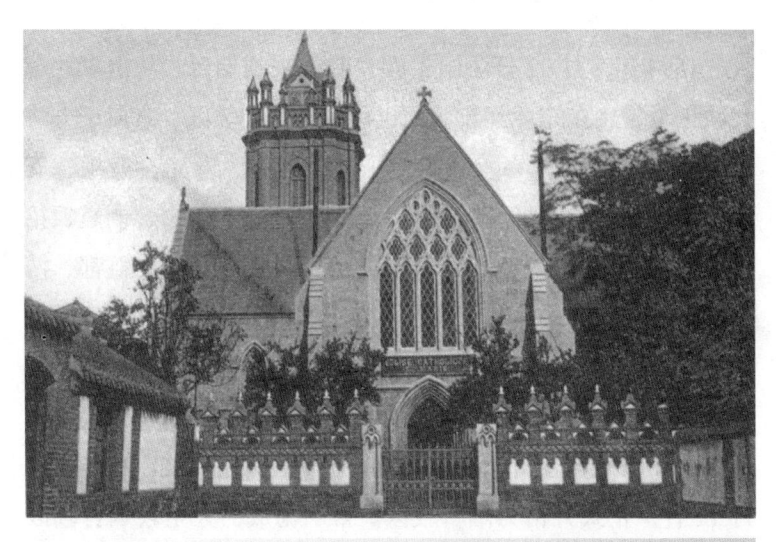

图 5-3 上图为圣玛利亚天主教堂（历史照片）、下图为圣玛利亚天主教堂附属建筑旧址

天主教烟台教区的成立

1894年2月22日法国主教常明德来到烟台，从山东北境代牧区分设山东东境代牧区，也称山东东界教区，隶属于方济各会，统辖管理博兴、高苑、乐安、临朐、寿光、昌乐、安丘、潍县、昌邑、平度、掖县、黄县、蓬莱、福山、栖霞、招远、莱阳、威海、荣成、牟平、文登、海阳、坊子、益都、博山、临淄、广饶等山东东部各县天主教事务，全教区共有教徒12408人。1924年12月3日，以主教驻地更名为芝罘代牧区，主教座堂和主教公署都在烟台，教区账房设在上海和天津，管辖原登州、莱州、青州三府各县2.5万名天主教徒。1946年4月11日，正式升格为烟台教区。常明德成为天主教烟台教区第一任代牧主教，常驻圣玛利亚天主教堂。1911年法国主教罗汉光任烟台教区第二任代牧主教（罗汉光1909年来到烟台，一直协助常德明主持烟台教区教务）。1936年罗汉光病故，由法籍方济各会会士任代理主教。1938年2月被日军查封，同年8月28日由北京来的法籍神甫受蔡宁任第三任主教。1941年受蔡宁被日军逮捕关押在潍县集中营，法国神甫周德范任代理主教，此时全教区有教徒12630人。1947年法籍神甫董煦代理主教，1948年1月加拿大籍神甫江世范代理主教。

基督教浸信会教堂（烟台天主教堂）

1859年美国南方浸信会派传教士花雅各和夫人萨莉来到烟台传教。1906年美南浸信会再次派传教士毛尔根来烟台传教并在大马路建立教堂，当时建设教堂的费用来自美南浸信会对花雅各和贝克尔殉难的捐款。1912年教堂竣工，在主教堂墙体上镶嵌石碑，石碑上刻有"一九一二年为纪念花慕滋雅各在太平天国时，为主殉道，修此会堂"。教堂主体为二层建筑，可容纳800人同时礼拜，除教堂外还建有办公室和钟楼，总建筑面积1064平方米，是当时烟台最大的教堂。1937年烟台市基督教派组成了基督教布教团，烟台浸信会在八角、古现、高疃、莱山建立多处支堂。1941年大马路教堂改为由中国牧师主持。1959年教堂由市政府作价交给天主教会使用。该建筑目前隶属于烟台市天主教爱国会和天主教协会。

现有建筑位于芝罘区东山街道办事处大马路南侧，整座教堂为三层石木结构，坐北面南，欧洲巴洛克风格，占地415平方米，建筑面积1000平方米，另有附属建筑一座。2004年被公布为市级文物保护单位，2013年被公布为省级文物保护单位。

图5-4 基督教浸信会教堂旧址

福山兜余天主教堂

1915年天主教会法国神甫廊鸿猷来到福山传教并在兜余家后村建起教堂，共有房屋22间。1919年廊鸿猷神甫离开，改由中国籍万姓神甫负责。1923年烟台教区派法籍神甫安圣谟在此主持教务。1929年由神甫爱天理负责教务。1938年日军侵占烟台后教务中断。抗日战争胜利后恢复教务活动。1948年教堂由加拿大籍神甫江世范代理，1950年由华人神甫张曰津代理。后改为福山区门楼镇兜余完全小学，目前闲置。

教堂位于福山区门楼镇兜余家后村，占地11.6亩，由礼拜堂、钟楼和附属建筑组成，钟楼今已不存。礼拜堂坐北面南，中西合璧风格，建筑面积600平方米，单层砖石结构，平面呈倒"J"形，门窗狭长，大门为砖雕拱形，门斗上方置十字架。2004年被公布为市级文物保护单位。

图5-5　福山兜余天主教堂旧址

龙口主教堂

1928年法籍神甫周德范在龙口创建黄县教堂。1940年卢森堡籍神甫葛根源负责该教堂事务。1943年法籍神甫卜永生负责，1948年停办。教堂房屋在1947年9月被国民党军队拆除。

招远高家庄教堂

1915年德籍神甫傅尔博筹资利用教徒宋斌兄弟的房产建成了高家庄教堂，当时有教堂5间、教室4间、办公室3间、更衣室2间，伙房4间。1924年一德国神甫在此增盖平房4间。1927年关闭。建筑今已不存。

莱州东关天主教堂

1927年天主教会德国神甫凯恩林在莱州传教，在东城墙外建造教堂，最早只有11间房屋，后陆续扩建至30余间。1927年由德籍神甫凯恩林负责建造并负责教务。1934年由中国张神甫负责教务。1936年由法国神甫尚泽民负责教务，1937年由德国神甫梁振铎负责教务。1948年停办，1988年租于莱州市基督教会使用至今。

现有建筑位于莱州市文昌路街道东关居委会，中西合璧风格，坐北面南，建筑面积180平方米，单层砖石结构，平面呈长方形，两面坡硬山式青瓦建筑。正门圆拱形，门斗为砖砌三角形，上立十字架，狭长拱形窗户。

图 5-6　莱州东关天主教堂旧址

莱州西由天主教堂

1903年西由天主教德国神甫梁振铎建立，并由梁振铎负责教务。1925年起先后由法国神甫袁明道、尚泽民、中国神甫段子勤、德国神甫傅尔博、西班牙神甫艾生瑞负责教务。当时西由天主教堂成为当地地标性建筑，教堂钟声远传数十里，钟楼上的十字架在20里之外都可见到，每逢星期天附近教徒都在此集中礼拜。

该建筑位于莱州市三山岛街道龙泉村，中西合璧式建筑，由礼拜堂、宿舍楼、钟楼和附属建筑组成。礼拜堂坐东面西，建筑面积250平方米，两面坡硬山式青瓦建筑，单层砖石结构，平面呈"T"形，室内设有拉丁文志石，室内墙壁绘有宗教壁画。宿舍楼位于礼拜堂西侧，坐北面南，建筑面积330平方米，平面呈方形。钟楼位于礼拜堂东南侧，哥特式建筑，四层方尖顶，挂 150 公斤大铜钟。1952 年后陆续有建筑被拆除、坍塌，但礼拜堂主体建筑基本保存并经修缮。1996 年被公布为县级文物保护单位。

图 5-7 莱州西由天主教堂旧址

第二节 基督教在烟台的传播

基督教传入烟台时间较早，1830 年英国基督教伦敦会传教士郭实腊在北上天津传教途中曾在烟台短暂停留，停留烟台期间郭实腊散发了基督教宣传品。除传教外，郭实腊更多的是为了搜集中国北方沿海港口的情报信息。1860 年 6 月，法国侵略军 3000 人侵占烟台，随军而来的就有法国传教士，7 月下旬，法军离开烟台会同英军进攻大沽口，随行的传教士就留在了烟

开埠与烟台

台,准备在这个即将开埠的地方进行传教,巧合的是不久烟台便发生了大规模的霍乱,所留的传教士均染病死亡。这一时期基督教传教士虽然进行了零星和间断的传教,但几乎没有什么收获,甚至没有建立传教点。基督教在烟台的传播主要开始于烟台开埠后。

基督教烟台教会的成立

基督教最初的传教地点选择在登州,因为那里是这一区域的政治中心,在教育和文化方面都有着较大影响。但是随着开埠地点改为烟台后,烟台由一个"渔村"变为一个贸易繁盛的港口,其地位越来越突出,来到烟台的外籍人士也越来越多,并且很快就超过了登州。这一变化引起了传教士们的注意,他们纷纷将眼光由登州移向了烟台。最早来到烟台传教的是英国基督教浸礼会传教士克洛克斯和霍尔,他们在1859年来到烟台,并以烟台为中心开始了英国基督教浸礼会在中国北方的传教活动。1860年底美国基督教浸礼会派遣牧师花雅各和海雅西抵达烟台传教,海雅西前往登州进行传教,花雅各则留在烟台,两人分别在烟台建立了传教点,这也是美国基督教南方浸信会在华北传教的开始。1861年美国基督教北方长老会传教士但福斯、盖利和倪维思到达登州,建立了山东第一所基督总堂。1862年美国北方长老会牧师麦嘉蒂与夫人一同由南方来到烟台,在芝罘区通伸村一带租房行医、传教。但由于当地没有基督教基础,加上当地百姓对此加以排斥,麦嘉蒂夫妇在烟台传教收获甚微,其间返回宁波。1864年又被长老会总部派

第五章
基督教的传入

回烟台，1865 年又回到南方。1864 年 1 月郭显德夫妇与狄考文夫妇同抵登州，1864 年 8 月郭显德夫妇来到烟台珠玑村传教，遇到了与麦嘉蒂同样的困境。1865 年麦嘉蒂夫妇离开烟台时将位于毓璜顶的房子留给了郭显德，12 月郭显德迁往毓璜顶，传教事业以此为转折不断发展壮大（其实这一阶段在烟台从事传教的外国传教士，根据目前掌握的材料看，肯定不仅仅只有麦嘉蒂、海雅图、花雅各和郭显德，在史密德等人著述的 GLIMPSES OF CHEFOO 一书中就提到，这一时期来到烟台的传教士不能叫上名字的人还有很多）。1866 年郭显德在毓璜顶新建的住宅落成，越来越多的传教士加入其行列，这一年他建立了烟台教会。1867 年美北长老会正式批准成立烟台美国长老会，美国长老会烟台教会正式成立。

烟台联合教会的成立

1862 年烟台发生霍乱，1861 年和 1867 年反清农民武装势力——捻军两次进入烟台，这些都对传教士的活动造成了很大影响，他们也由此意识到各派别教会联合起来的意义。1868 年 9 月，美国浸礼会劳顿夫妇、偕我公会福勒夫妇、苏格兰圣公会韦廉臣夫妇、美国长老会郭显德夫妇及受姑娘举行集会，议定组织成立了烟台联合教会。目的是各教派在面临突发性事件和灾难时联合起来共同应对，还规定驻烟台的传教士应联合起来共同传教，同时选举韦廉臣为联合教会书记。

基督教美国长老会教堂

1862年美北长老会派传教士麦嘉蒂来到烟台,开辟烟台教区并进行传教。1864年美北长老会又派遣郭显德来烟台传教。1867年美北长老会正式批准成立烟台美国长老会。郭显德担任牧师,并在毓璜顶东北侧建设小型教堂。1903年郭显德对教堂进行了扩建,有了礼拜堂、钟楼、牧师住宅等设施。截至此时美国长老会在毓璜顶一带拥有宗教用房、学校、医院、住宅共计1100间,占地160亩,成为当时烟台最大的教会组织,又叫毓璜顶教会。1907年嵇尔思加入长老会,后来创建了毓璜顶医院。清末至民国时期,美国长老会在烟台名声极其显赫,在宗教、医疗、教育、工商等领域建树颇多,深受社会各界赞誉。

1941年7月,教会为避免受损,将房产、地契交给了二战中立国瑞士驻青岛领事艾格并委托上海瑞士领事馆管理,教会大多数人员或赴上海或返回国内,12月驻烟日军没收了教会所有财产,留守的外籍人士被送到潍县集中营关押,教会划归华北基督教团管理,由中国牧师董文珍负责。1942年成立的华北中华基督教团是由日军实际控制的整个华北沦陷区教会的最高领导机构,它代表日本政府对华北地区的基督教进行统一管理,是一种殖民地常见的代理人机制。1945年8月,美北长老会通过联合国救济总署驻烟办事处与教会取得了联系。1947年国民党占领烟台期间,美北长老会通过资助的方式继续控制教会。1958年基督教各派走上联合礼拜的道路,教堂成为烟台警备区驻地。1966年拆除了钟楼及其他附属建筑,保留的八角楼教堂用作警备区会议室。

现存建筑位于芝罘区毓璜顶街道办事处毓璜顶北路20号烟台警备区院内，即为基督教美国长老会教堂，又名八角楼，哥特式建筑风格，坐东面西，建筑面积1200平方米，由主教堂、塔楼和附属建筑组成。建筑主体为单层石木结构，平面呈八角形，西北角设有尖顶钟楼，楼顶有十字架，南门底部有"一九〇三年建"字样志石。1987年被公布为市级文物保护单位，1992年被公布为省级文物保护单位。

图 5-8 基督教美国长老会教堂旧址

基督教联合教堂

基督教联合教堂又叫烟台山联合教堂，1872年由英国人为了方便侨民做礼拜而建立，位于烟台山东坡。1875年进行了扩

建。19世纪七八十年代，基督教英国圣公会每月都会在这里举行英国国教礼拜仪式。一直到民国时期，在烟台的西方人大多数选择在联合教堂举办婚礼。1941年教堂被日军查封，中华人民共和国成立后被拆除。2000—2001年，新的基督教联合教堂在原址重新建设。

原有建筑为英国新古典主义建筑风格，坐南面北，两面坡双层砖石结构，设有封闭性的外廊，外廊窗呈狭长的圆拱形，南立面顶部设有钟楼和十字架。现有建筑位于芝罘区毓璜顶街道办事处厉新路7号，坐北面南，建筑面积1000平方米，四面坡屋顶代阁楼，平面呈长方形，圆拱形门窗，双层砖木结构。2006年随烟台山近代建筑群被公布为全国重点文物保护单位。

图5-9 烟台山联合教堂旧址

基督教奇山会教堂（奇山教会）

1890年英籍内地会传教士詹姆斯·马茂兰（烟台仁德洋行的创办人）来到烟台，并成立了中国基督教历史上独特的工艺教会，教授并收购信徒编织的花边出口欧美等国，以此来救济贫苦信徒，形成了独特的胶东地区棒槌花边编织出口产业。1902年马茂兰和中国传教士王长春、刘玉山创办了基督教奇山教会，并建立了一座教堂，这是中国神职人员参与创建教会并主持教务的首次尝试。奇山教会具体事务由刘玉山负责，经费来自马茂兰的仁德洋行。1905年奇山教会建立了培真女校小学部，这是一座半工半读的职业学校，校务由马茂兰夫人及中国职员袁润甫负责。1908年奇山教会还创办了烟台各教会唯一的宗教报纸——《晨星报》，进行基督教义宣传等，主编也是袁润甫。1916年马茂兰去世后，其夫人及长子罗拔·马茂兰为纪念父亲，重新建立了奇山教会礼拜堂，又叫"马茂兰纪念堂"，并交由中国基督徒独立管理。

后烟台市基督教界响应吴耀宗先生提出的"自治、自养、自传"原则，成立了"三自"爱国组织，1950年烟台市人民政府接管。1958年租给百货站作为仓库，1962—1979年作为东山电影院，1980年改为芝罘区文化馆，后又用作白鸥歌舞厅，1994年恢复为基督教奇山礼拜堂。

现有建筑位于芝罘区东山街道办事处南山路121号，哥特式风格，由主教堂、塔楼和附属建筑组成。主教堂坐东面西，石木结构，平面呈方形，建筑面积800平方米，教堂内设有

"马茂兰纪念堂"志石。西北侧设有三层尖顶钟楼,塔顶有十字架。2011年被公布为市级文物保护单位,2015年被公布为省级文物保护单位。

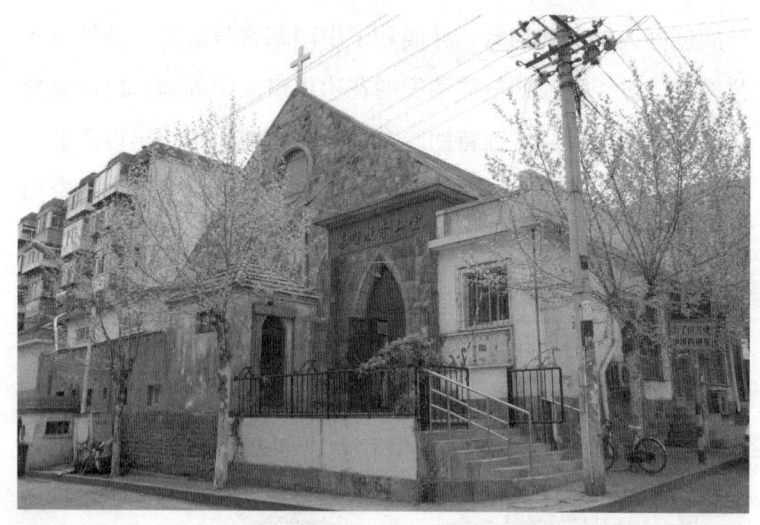

图5-10 基督教奇山会教堂旧址

胜利路中华基督教礼拜堂(烟台中华基督教自立会)

1919年烟台基督教长老会信徒徐宗民等30余人成立了西南关中华基督教自立会,这是完全由本地基督教信众成立的教会。1922年自立会筹募10050银圆,购买了奇山所张家、刘家房产并改造为教堂。同年平民教育家晏阳初来烟台推广"识字运动",地点也选在新建教堂,其间还在教堂底层成立了爱光小学,由曲子元担任校长,此外还设有布道团、福音堂和幼稚园。1923年2月24日举行新教堂献堂典礼,新教堂落成后第一任牧师为于新民。1929年该会还创办了爱光初级小学,新建福音堂一座。1932年刘滋堂接任牧师。

1941年后教务活动停止,后恢复。1981年经过政府修缮重新恢复为基督教礼拜堂。目前是烟台基督教"三自"爱国委员会和教徒的主要活动场所。

现有建筑位于芝罘区向阳街道办事处胜利路134号,坐北面南,占地1.5亩,建筑面积600余平方米,主体建筑为砖混二层结构,平面呈正方形,四面坡屋顶,屋顶有十字架。2011年被公布为市级文物保护单位,2015年被公布为省级文物保护单位。

图5-11 胜利路中华基督教礼拜堂旧址

烟台中华基督教青年会

1844年英国人乔治·威廉在伦敦创办基督教青年会。后传入美国,主要在青年群体中进行德、智、体教育。再后由美国

开埠与烟台

传入中国，1903年美北长老会牧师韦丰年发起成立烟台基督教青年会，在朝阳街、海岸路租赁房屋作为会址。1909年马茂兰接任会长，会址迁到大马路，后因经费问题停办三年。1912年中国信徒刘滋堂、徐宗民等续办。1915年烟台基督教长老会主任于志圣在广仁路购地3.5亩，建立二层楼房作为会址。1922年青年会创办了育才学校，主要面向社会培养财务、会计人员。1930年创办了青年图书馆，并举行了隆重的开幕式，烟台社会各界名流到场祝贺，全国60多家图书机构和青年会发来贺信，孔祥熙、宋子文等人也都题词祝贺，"胶东王"刘珍年亲临会场，并亲笔题词"文化渊薮"。这是烟台最早的图书馆，馆藏书达数万册，面向社会开放，前来借阅的除基督教青年会会员之外，还有洋行、商行、学校职员及学生、平民等。青年会是一所以"德、智、体、群"为教育宗旨的社会教育机构，主要面对平民中的青年群体，经常聘请全国知名学者进行演讲、讲座等，如胡适、张伯苓、晏阳初、赵紫宸等都曾来这里讲学。每逢周末也会举办音乐会、游艺会、宗教集会等，还开设夜间音乐班、解经班等。青年会还具有当时烟台仅有的台球设施，并设有篮球场，经常与北京、天津的青年会进行友谊赛。1928年5月中国共产党在青年会设立联络点，烟台早期党的领导人许端云、徐约之等经常在此秘密开展党的活动。青年会还先后成立育才初级学校、育才商业职业学校等，采用英文授课，累计培养学生70余人。1936年成立青年话剧社，排演了《雷雨》等话剧作品。1940年青年会骨干离开烟台，基督教青年会遂关闭。烟台解放后曾作为胶东工业学校教学楼使用。

20世纪60年代解放路小学在此办学,并将校办工厂设于此。

现有建筑位于芝罘区东山街道办事处广仁路46号,主体建筑为石木结构楼房,坐北面南,平面呈"L"形,建筑面积800平方米。2004年被公布为市级文物保护单位。

图5-12 烟台中华基督教青年会旧址

美国海军基督教青年会

1866年美国驻烟台领事桑福德建议美军应该在烟台建立美国海军基地。1874年,美海军亚细亚舰队"帕罗斯"号军舰来到烟台,成为美舰队来烟台进行"夏季机动军事演习"的开端。第一次世界大战期间一度中断,到了20世纪20年代,烟台正式成为美国亚洲舰队的消夏基地。为了满足这些官兵的需求,1921年美海军购买英国滋大洋行靠近太平湾码头的货栈作为会址，成立了美国海军基督教青年会，主要为美国海军官兵提供接待服务，当时来烟台的美军人数非常多，1921年约为32500人次，1922年约为87900人次，到了1928年就达到了183500人次。1930年在德宾的主持下，对原有会址进行了规划重建，1932年新规划的美国海军基督教青年会会址完工，建筑面积约1400平方米，包括行政楼和综合楼两大部分，综合楼包含了住宿、医疗、餐饮、娱乐等多项功能。户外设置了拳击台、篮球场、网球场、板球场、棒球场、手球场和跑道。青年会主要服务于美国海军，其中美国亚细亚舰队来烟台次数为最，夏季最多时同时有30多艘军舰来烟台，停泊于烟台港，登陆官兵达三四千人。其间频繁举办舞会、酒会，还举行各类比赛，如篮球赛、棒球赛、足球赛、网球赛、划艇赛、拳击赛、健身赛、马拉松赛等。并邀请烟台的学校等机构进行友谊赛，促进了烟台的体育事业发展。1941年美国海军基督教青年会被日军查封，中华人民共和国成立后场地划给烟台海洋渔业公司鱼轮修造厂使用。

图 5-13 美国海军基督教青年会（历史照片）

现有建筑位于芝罘区向阳街道办事处海关街 26 号，砖木结构，二层楼房，占地面积 400 平方米，平面呈长方形，拱形狭长门窗。2011 年被公布为近现代重要史迹及代表性建筑。

烟台基督教女青年会

1924 年中国籍信徒郑文应和吴覃臣的夫人开始创办烟台基督教女青年会。1926 年 11 月 13 日举行成立大会。1931 年 4 月 23 日位于三马路的新会所落成，青年会的宗旨是"服务社会，造福人群"。女青年会的构成从董事、会长到干事，都是当时的社会精英、名流。1927 年女青年会组织募捐会，兵分四路，有政治队、德育队、职业队和智育队，分头活动，历时半月，募得 2200 元。1931 年 4 月 23 日女青年会新会所落成时，"胶东王"刘珍年到场祝贺。他在演讲致辞中，对女青年会寄予两大希望："一为发扬道德，二为阐明学术"。

1925 年女青年会成立之初，就创办了一所幼稚园，"一切设施均按教育部制定"。幼稚教育成为烟台女青年会最有特色的一项工作。她们特别注重"改良儿童之环境与健康，以及父母教育"。幼稚园经常举行"母亲研究会、儿童幸福运动、儿童健康比赛和夏令儿童义务教育班"等活动。当时，女青年会已把"母亲教育"当作一项必修课，每学期都会举行母亲会、恳亲会等。到 1935 年，烟台女青年会幼稚园已有十届毕业生，累计"850 余名肄业生，250 余名毕业生"，为近代烟台儿童教育贡献甚大。女青年会因此博得"烟台服务儿童之正式机关"的赞誉。

烟台女青年会设立了少女华光团。参加少女华光团的多是高小和初中的学生，年龄从12岁至18岁不等。1935年，女青年会华光团共有三团，"计真光、培真、信义三校各有一团，团员共70余人，精神颇佳"。每支少女华光团都设益智、团员、娱乐、服务四个"兴趣小组"，成员随自己兴趣加入，须"遵守团规，实地练习做事，养成良好公民之习惯"。少女华光团还会举办各种各样的"团建"活动，如春令会、少女读书会等。

1934年，女青年会修建体育场。体育场分三部分，西边是篮球场，中间是网球场，东边为儿童游戏场。体育场备有各种体育器材，会员可以随意享用。有了场地，青年会随即组建了排球、篮球队。据记载，女青年会排球队队长为解美丽女士，李淑珍女士为副队长。篮球队队长为王勇超女士。两队共有队员20余人，多系烟台各学校学生与职员。

1937年7月7日，全面抗战爆发。"女青年会逐渐终止了活动"。建筑今已不存。

英国安立甘教堂

1874年10月英国基督教圣公会史嘉乐和林披基来到烟台传教，成为圣公会在烟台传教的开始。19世纪80年代后期，圣公会烟台教区决定建造两座教堂，分别是安立甘教堂（又名圣安德鲁教堂）和圣彼得教堂。1895年安立甘教堂由马焕瑞牧师负责监督建造，烟台傅力洋行经理福莱尔承包并负责具体施工建设，当年在海边竣工并举办了启用仪式，为典型的英国哥特式建筑。安立甘教堂一度成为烟台海滨的地标建筑。当时史

第五章 基督教的传入

嘉乐已迁升为华北教区主教，专程从北京赶赴烟台参加启用仪式。之后由马焕瑞负责安立甘教堂和圣彼得教堂教务。1899年安立甘教堂完成了钟楼和法衣室的建设。安立甘教堂建成后成立了圣公会安立甘分会，由盛记洋行经理弗雷德里克·柯蒂斯任会长，和记洋行和士美洋行等负责人成为主要成员。安立甘教堂成为当时在烟台的英国人士进行婚礼的首选之地。

1941年安立甘教堂被日军查封，1946年六七月东江纵队来到烟台，曾临时驻扎在此。1948年由中国教友在此主持教务，后安立甘教堂教务废弛，改为芝罘区教体局乒乓球活动基地和仓库，20世纪60年代建筑被陆续拆除。

图5-14　英国安立甘教堂（历史照片）

葡萄山卜先生礼拜堂（烟台中华基督教葡萄山会）

1909年英国传教士卜尔耐特联合中国信徒邢润年、王东成、王兆书、李明轩等人，在大马路租房传道。1915年发动信徒捐款，在葡萄山路10号建起教堂也称"卜先生礼拜堂"，并成立基督教葡萄山会，下设分会两处：青岛河南路86号教会和天津分会。同时创办了信育小学，由卜尔耐特主持学校教务，1938年并入东山小学。建筑今已不存。

圣彼得教堂

圣彼得教堂是圣公会烟台教区决定建造的两座教堂之一。1895年英国圣公会主教玛蒂在东太平街北端主持修建圣彼得教堂。教堂为石木结构，拱形门窗，墙体上装饰着巴洛克风格石雕，主堂前侧矗立着方尖顶的钟楼。该建筑今已不存。

中国内地会疗养院

1879年英国基督教牧师戴德生与捷德在烟台传教，因烟台美丽的环境、舒适宜人的气候，遂在东山创办了内地会烟台疗养院（传教士公所），专供到中国的内地会英美传教士疗养所用。在内地会学校（芝罘学校）建立之前，内地会疗养院一直是中国内地会在烟台的中心，所有的公共活动，如社区聚会、宗教仪式等，都在这里举办。原有建筑位于海军航空大学院内，建筑面积600平方米，坐南面北，二层砖石结构，设外廊。建筑今已不存。

第五章
基督教的传入

图 5-15　右下角两层建筑即为中国内地会疗养院（历史照片）

蓬莱圣会堂（武霖基督教圣会堂）

　　1861年基督教美国浸信会在登州创立了登州浸信会，并在蓬莱北关街建立教堂。1866年美南浸信会传教士高第丕来到登州，因与前期抵达的海雅西意见不合，1872年美高第丕筹款在画河西路新建了登州圣会堂，又叫画河基督教堂。他在登州建立了中国近代第一所大学——登州文会馆，创立了中国第一所聋哑学校——启喑学馆。在海雅西回国后这里成为美南浸信会在登州的传教中心。在此主持教务的先后有美籍牧师高第丕、海雅西和浦其维等人。1920年以后因黄县建立了综合性传教机构，此处传教士多调往黄县，其影响力逐渐降低。1938年2月因日军入侵，教堂关闭。1873年美国女牧师慕拉第来到登州传教，1878年在她兴办的学校发起反对女子缠足运动，呼吁男女

/ 105 /

平等、女子同男子一样有接受教育的权利。1895年甲午战争期间日军炮击蓬莱，慕拉第坚持留守蓬莱，以美国人的身份保护当地百姓。1912年山东大灾期间她将积蓄、粮食捐给灾民。同年12月在返回美国途中病死。1915年登州基督教徒在圣会堂门前建立"大美国传教士慕拉第女士遗爱碑"以示纪念。20世纪30—70年代，教堂传教工作停滞，圣会堂改为部队仓库。1988年在秦迦业牧师支持下得以恢复传教。2001年在圣会堂南侧新建1900平方米的新教堂，目前已成为蓬莱"三自"爱国运动委员会和蓬莱基都教会驻地。

蓬莱圣会堂位于蓬莱区紫荆山街道武霖社区画河西路中段，中西合璧风格，坐东面西，建筑面积450平方米，由礼拜

图5-16 蓬莱基督教圣会堂旧址

堂和钟楼组成。礼拜堂为单层砖石结构，平面呈方形，两面坡硬山式青瓦建筑，东墙上有十字架。钟楼位于礼拜堂西侧，平面正方形，三层砖木结构，大门上有"圣会堂"石匾。2019年被公布为全国重点文物保护单位。

蓬莱基督教长老会耶稣堂

1861年美北长老会传教士倪维思、但福斯、盖利等人在蓬莱珠泗桥东创建教堂即蓬莱基督教长老会耶稣堂，这也是美北长老会在华北第一所总堂。教堂可同时容纳800人礼拜，设有钟楼一座，该堂是美北长老会最早在山东的传教中心和基地。除以上三人外，还有多人在此担任牧师，分别是：美籍希牧师，中国籍的肖洪书、门炳年、袁日慕、宁云珍等牧师。1942年该建筑被日伪蓬莱警备大队队长郝铭传拆除，建筑今已不存。

黄县小栾家疃美南浸信会礼拜堂

1907年美南浸信会传教士崔怡美在黄县小栾家疃筹资修建了礼拜堂，可容纳500余人，是美南浸信会设在黄县的一处总堂。这里是曾多次作为美南浸信会华北议会进行年会的地方。历任牧师有美籍的浦其维、郭维弼、司提反及中国籍的臧雨亭、范明经等。后礼拜堂被拆除，1984年重建。

第六章　开埠对于教育事业的影响

烟台在开埠之前只有私塾，没有面向社会招生的学校。开埠以后，西方传教士和商人、官方人员陆续来到烟台，他们首先要解决的是子女教育问题，于是在开办教会学校的同时与当地开明人士联手将西方近代教育引入烟台，烟台的教育事业从此进入快速发展期。

第一节　教会创办的学校

《芝罘区志》记载，据不完全统计，在烟台市政所在的芝罘区，与教会相关的教育类建筑共有38座，其中小学17座，分别是：文先书院、会文书院、内地会学校小学部、会义小学堂、信育小学堂、花边女子学堂、法国小学、崇真小学、崇道女子小学、橄榄枝小学、焕文小学堂、卫灵女子小学堂、崇正小学、崇德女子小学、育才小学、信义小学、爱光小学；中学11座，分别是：会文书院中学堂、实益学馆、益文商业专科学校、育才女子中学、真光女子中学、卫灵女子中学、崇德女子中学、崇正中学、焕文中学、培真女子中学、内地会学校中学部；幼教8座，分别是：长老会毓璜顶蒙养园、基督教女青年会幼稚园、信义幼稚园、益文商专幼稚园、崇德幼稚园、卫灵幼稚园、爱光幼稚园、培真幼稚园。此外还有天主教创办的蚕丝专科学校和基督教创办的启喑学堂及其他的一些技术类学校。但实际上教会所创办的学校数量远远不止于此，有些学校存续时间较短，有些学校没有保留自己的校舍，还有的学校规模极小，这些都不在统计范围之内。同一时间，在各县市区也有一些类似的学校存在。

芝罘学校（中国内地会学校）

1853年，英国基督教伦敦会的传教士戴德生来到中国，1857年成立了"宁波差会"，1865年改名为"中国内地会"，简称"内地会"。1879年，戴德生来到烟台疗养，被这里适宜的气候、淳朴的民风和通商口岸的便利条件吸引，决定在烟台东郊海边购置土地，开办一所专门为本会传教士服务的疗养院并附设教堂。1881年，做过教师的内地会传教士埃利斯顿在此地疗养，他接受戴德生的建议利用闲暇时间为内地会传教士的3个孩子教授一些课程。芝罘学校最初便由此诞生，埃利斯顿成为学校的第一任校长。此后为了解决在中国传教的内地会传教士子女教育问题，学校规模不断扩大，逐渐成为一所男女合校的全日制学校，也是中国内地会在中国设立的唯一一所传教士子女学校。学校最初称为"The Protestant Collegiate School"，即基督教新教学校，后称为"China Inland Mission School"，即中国内地会学校。20世纪40年代末，正式改用新名称"Chefoo

School",即芝罘学校,以纪念学校始创于烟台芝罘。随着时间的推移,学校除了接纳中国内地会传教士子女外,也接纳少数其他教派,以及外国商人、外交官子女,对所有在校学生都不收取学费和生活费。

1883年,学校盖起了一座教学楼,男女学生都在这里生活学习。1886年学生人数近100人,并开始男女分校。到1894年,学生人数超过了200人。1895年,芝罘学校在通伸村开办了一所预备学校,专门招收5—10岁的孩子。1896年,男校新校舍落成,1898年女校新校舍落成。1900年,在通伸村的预备学校也迁入本部。这时学校的三部分,即男校、女校和预备学校整合在了一起。1909—1915年,中国内地会还在江西庐山为芝罘学校建立了一所预备学校。1932年芝罘学校有在校学生271人。1934年,又重新实行男女合校。1936年,芝罘学校以一条红色卡通化的中华豚作为学校的标志。1937年,芝罘学校又新增加了两栋建筑,学校规模进一步扩大。此时,学校已有超过300名的学生和工作人员,建立有专门为师生服务的医院,还有面包屋、洗衣房、冷饮店、木工房等。从1906年开始,学校每年都会举行大学入学考试,并严格执行牛津皇家考试委员会制定的标准。这一考试得到英国教育界认可,合格者可进入牛津、剑桥、爱丁堡等一流名校继续就读。

芝罘学校是一所寄宿制管理的英国式学校,校风严谨,师资力量雄厚,至1927年已有教职员42人,多名教师毕业自牛津、剑桥等名校,曾被誉为"苏伊士运河以东最好的英语学校"。学校的课本、教师授课全部采用英制,教师和看护人员均由中国内地会传教士担任。芝罘学校遵循英国名校的传统，注重培养孩子们的领导才能和合作精神，鼓励学生要为学校的公共生活做出自己的贡献。课程设置上，除了重视古典文化、宗教教义外，也非常重视体育和游戏课程，强调强健体魄的重要性和有组织的游戏对塑造个人品德的影响，所以学校有固定的体育课程。体育活动丰富多样，有板球、曲棍球、网球、划船和游泳等集体项目。如果学生在校期间没有参加过在烟台举办过的各类体育活动，学校将不予登记相应课程成绩。学校还注重培养学生的兴趣和志向，学生们常在课余时间自办刊物，如《儿童月报》。1930年前后，学校还组建了一支管弦乐队，多次到校外慰问演出。学校也注重对规范、礼仪的培养，芝罘学校的学生外出时必须列队统一着装，女生在前，男生在后，整齐、严肃而纪律化，给当地的烟台市民以深刻印象。1881—1942年，芝罘学校在烟台共培育出2116名学生。

1941年12月7日凌晨，日本袭击珍珠港，太平洋战争爆发，日军查封了芝罘学校，逮捕了当时的校长布鲁斯，并将学校财产全部没收。1942年11月，芝罘学校300多名师生被关押在位于烟台毓璜顶的美国北长老会传教士住宅里。1943年夏天，又被转移到潍县乐道院集中营，那里还有一批被日军扣押的山东英美等国侨民。在潍县集中营，虽然教学条件恶劣，营养严重缺乏，但学校教学并没有停止，毕业生仍然坚持按照牛津考试的严格标准进行学习。在那里，芝罘学校共有三届学生毕业，前两届全部合格。1945年，第三届的11名学生虽然在动荡的时局中参加毕业考试，但是仍然有9名学生合格。1945

年8月,关押在潍县集中营的芝罘学校师生及英美侨民1200多人,被美国伞兵解救回国。

在烟台的芝罘学校被查封后,芝罘学校的一部分曾经在四川乐山(1941—1944年)和印度噶伦堡(1944—1946年)临时开办。第二次世界大战结束以后,芝罘学校临时在内地会上海总部立足(1946—1947年)。1947年,芝罘学校迁到江西庐山。其间,校名从未发生变化。1951年,随着中国内地会从中国撤出,在1951年2月到4月之间,芝罘学校的师生也全部撤离中国。此后,随着内地会传教士在东亚地区重新布局,芝罘学校继续服务内地会传教士的传教活动,曾经分别在日本(1951—1998年)、马来西亚(1952—2001年)、泰国(1952—1954年)和菲律宾(1956—1981年)建校,它们都延续了"芝罘学校"(CHEFOO SCHOOL)的校名。2001年6月,芝罘学校在马来西亚的最后一所学校停办。

现存建筑有联合教学楼、预备学校、礼拜堂、中学部、纪念堂等数处,成为一组英式风格的建筑群落。联合教学楼建成于1934年,欧洲复合式风格,坐南面北,四面坡红瓦屋顶带阁楼,三层砖石结构,平面呈"L"形;预备学校建成于1934年9月,欧洲复合式风格,坐东面西,四面坡红瓦屋顶,三层砖石结构,平面呈"凹"形;礼拜堂位于联合教学楼西南,紧挨教学楼,是一处小型教堂,二层砖石建筑,高近9米,西部有一耳房,石砌台基,墙体为咖啡色方石,平面呈"L"形;中学部由南北楼组合而成,均为砖石结构,拉毛抹灰墙面,四面坡屋顶,覆红瓦,北楼三层,其北立面有两道突出墙面的

第六章
开埠对于教育事业的影响

阳台，顶部山尖式，南楼平面呈曲尺形，二层；纪念堂是为纪念第一次世界大战牺牲的学生而设立的，附设于中学部南楼南端，是一栋精巧的两面坡顶平房；预备学校规模稍大，平面呈倒"凹"字形，三层，其西立面设阶梯式通道，楼角以水泥包镶。2006年中国内地会学校旧址被公布为省级文物保护单位。

图6-1 芝罘学校旧址

登州文会馆

1863年美国基督教传教士狄考文与新婚妻子邦就烈抵达登

州,进行传教活动。1864年,在其妻邦就烈的协助下,狄考文租用了一座废弃的寺院(观音堂),办起了蒙养学堂。第一期只招到6名学生,都是贫农子弟,狄考文不仅免去了学生的学费,还提供衣履、靴袜、饮食、笔墨、纸张、医药、灯火及归家路费。此后直到1872年,9年间共招收85人,但"学满6年者仅4人",不过这时学堂已有了一些声誉,在校学生已达22人,为吸引学生入校,学堂按照中国教育习惯聘请中国讲师教授四书五经等课程,同时设有西方科学技术、数学等课程,还重用中国老师讲课。学校重在"塑造品格",但这其实就是重塑学生的宗教信仰。同年,狄考文下决心提高学校层次,他为已毕业的学生又设计了4年课程。1876年,学生邹立文、李青山、李秉义三人完成了全部10年的课程,狄考文为他们举行了隆重的毕业典礼,并将学堂定名为登州文会馆,宣布邹立文等三人为该馆的首届毕业生。为了培养更高层次的人才,狄考文决定进一步提高办学层次,办一所大学。1881年,狄考文向美国长老会总部提交了把文会馆建设成为正式大学的计划书。其内容包括:登州文会馆扩建为大学,定名山东书院;在基督教影响下,对学生施以充分的中西学教育;所有课程都用中文教授;设立大学预科;逐步实现学生自备学费,尽快培养一批能胜任教学工作的中国籍教师;学校向中心地区迁移等。1882年,美国纽约长老会总部正式批准登州文会馆为大学,并增派传教士帮助办学,学校规模又有了新的扩大。1895年狄考文辞去大学监督(校长)职务,由赫士接任。1897年9月5日,美国传教士路思义和妻子伊丽莎白斯受美国基督教差会长老会

第六章
开埠对于教育事业的影响

的派遣来到中国，路思义在文会馆担任物理教师。1900年义和团运动兴起，文会馆迫不得已停课，登州传教士纷纷去烟台转朝鲜汉城避难。1904年，登州文会馆迁移至潍县，与英国浸礼会在青州创办的广德书院中的大学班合并，更名广文学堂。1917年，广文学堂和青州的神学院迁济南，正式组成为济南齐鲁大学，下设文理学院、医学院、神学院。1929年，遵照南京国民政府法令，大学要在政府立案，不准开设神学院，神学院独立，称齐鲁神学院。

图6-2 登州文会馆（历史照片）

开埠与烟台

启喑学堂

1857年美国传教士梅里士夫妇来到上海，1862年烟台开埠后，由上海来到登州。梅里士夫妇膝下四个子女，其中有一个患聋哑病的男孩，在将儿子送回国内接受聋哑技能培训时，梅里士便决定在中国创办一所专门收容并帮助聋哑孩子的学校。1884年梅里士与第二任妻子也就是自己聋哑儿子的老师梅耐德结婚，梅耐德女士在来登州之前在美国罗契斯聋哑学校从教。1887年夫妻二人在登州（蓬莱）创办了中国第一所聋哑学校——启喑学馆。

1895年梅里士去世，学校停办两年。1898年梅耐德将学校迁到烟台通伸旅馆，在当地成立校董会负责学校资产。1900年梅耐德用自己的存款、丈夫的保险费和贷款在烟台海边购买了17.5亩土地并重建校舍，梅耐德任校长，华人李可受任助教，同时改名为启喑学堂。学堂开办之初经费紧张，梅耐德令孙铭世、张元桂两位教师带领学生种花卖花补贴学校经费，同时亲赴美国、英国、加拿大、澳大利亚、瑞典等国募捐，得到了积极的支持，很快学校不仅偿还了贷款还扩充了校舍。1907年梅耐德邀请在美国卫生部任职的安妮塔·卡特（又译作葛爱德）来到烟台，增设了聋哑女童学房，开始招收中国聋哑女孩入校，学堂更名为启喑学校，也叫梅里士纪念学校。学校招收了来自全国9个省份的40名聋哑孩子、1名盲童聋哑孩子，培训了3名男教师和2名女教师，还培训了一对朝鲜夫妇，这对朝鲜夫妇最后回国创办了朝鲜的第一所聋哑学校。学校创办的目的除了关爱弱势群体外，还是想向更多人表明，这些聋哑孩子通过技能培训可以在社会中有所作为发挥价值。

1908年梅耐德带领一名教师和三名学生组织开展了一次规模浩大的宣传、募捐活动，他们在中国16个城市进行了50多场演讲和示范表演，呼吁人们关爱弱势群体，募集了大量资金，并在杭州、保定开办了聋哑学校。这次宣传活动在社会上影响巨大，超过30000人观摩了活动，政府及民间都给予了关注和认可。为此，清政府甚至制订了试办启喑学校的计划，全国各地的教会学校都派人来到烟台参加聋哑教育师范班，山东巡抚袁树勋亲临学校进行视察和鼓励。1909年学校归美北长老会（美国长老会北方教会）管理，此后学校规模不断扩大，到1923年，占地已达46亩、有楼房6座、平房数十间，设施齐全，不仅有教室、办公室还有宿舍、礼堂、游艺室、校工厂、澡堂等。这一年梅耐德退休，卡特女士出任校长，当时在校学生67人，教师13人，除教育学生外还面向全国培养聋哑教师。烟台启喑学校开启了中国聋哑教育的先河，在它的影响带动下到1936年，全国聋哑学校数量已由最初的3所发展到13所，梅耐德采用美国训练聋哑人说话的标音法和手语进行教学，她设计的手语字母表被中国聋哑学校广泛采用，她从美国图书中翻译的分级识字课本也成为中国聋哑学校的最初教材，她为中国的聋哑教育事业做出了突出贡献。

1941年日军接管学校，改名为烟台市立启喑学校；1948年10月，又改名为烟台聋哑小学；1952年开始接收盲童教育，改名为烟台盲哑学校，并将校址迁到了芝罘区静安路34号；

1987年，学校建校100周年之际，改校名为"烟台市聋哑中心学校"并挂"烟台市盲人学校"牌子；2013年改名为烟台市特殊教育学校。现在学校占地面积11925平方米，建筑面积12794平方米。学校聋生部14个教学班，盲生部7个教学班，在校学生300余人，教职工100余人。学校分学前教育、义务教育和职业教育三个学段。

原学校建筑现在是海军航空大学办公用房，建筑面积2000余平方米，主教学楼为东楼，坐南面北，四面坡屋顶，分三层，一层为乒乓球室、暖气室和教室，二层全部为教室，三层为手工室和大礼堂。西楼分两栋建筑，北一栋一层为木工室和食堂，二、三层为男生宿舍；另一栋主要是男教师宿舍、男生宿舍、浴室和洗脸间等。1987年被公布为市级文物保护单位。

图6-3　启喑学堂旧址

第六章
开埠对于教育事业的影响

益文商业专科学校

1864年美国传教士郭显德来到烟台，居住在毓璜顶，并在东北坡购下几块土地，1866年开始建起校舍，创办了文先（男校）和会英（女校）两书院，1896年两书院合并为"会文书院"，这是烟台最早的新式学校。1920年4月会文书院与实益学馆合并成立烟台益文商业学校，由毕维廉担任校长。学校设置初中、高中、英文学科和商科，以"诚、勤、爱"为校训。1922年为纪念郭显德，将益文学校新建的主教学楼命名为"思郭堂"。1926年益文商业学校成立了童子军和童子军联合会，积极参加社会公益活动，得到了社会各界认可。1926年始北洋政府限制外国人在华办校，毕维廉辞去校长职务。1929年学校改名为烟台私立益文商业专科学校，聘请清华、北大、圣约翰等学校毕业生在此任教。1929—1937年罗希嘏、林求源、汪祥庆历任校长。1930年学校已经设有自治会、体育会、各级级会、中英文演讲会、商学研究会、自然科学研究会、社会科学研究会、年刊会、新剧团、京剧团、歌咏团、弦乐团、军乐团、西乐团等学生组织，校风极其活跃，还成立有校友促进部，负责对外联络募集办学经费等。1933年学校为纪念毕维廉校长，在"思郭堂"北侧建立了"维廉楼"作为综合办公大楼。1935年学校因发生学潮临时关闭，1936年重新复课并更名为烟台私立益文商业高级专科学校，每年在校学生350～430人。

1941年太平洋战争爆发后，美籍教职人员被日军抓捕并关押在潍县集中营。1942年日伪接管学校并改名为烟台市立第二

中学。1945年8月改名为烟台一中。1947年9月恢复益文中学校名。1948年9月停办，同年10月并入烟台二中。

现有建筑位于芝罘区毓璜顶街道办事处焕新路1号烟台二中院内，现为二中教研楼，坐北面南，三层砖石结构，四面坡屋顶，平面呈"U"形，建筑面积2700平方米。

图6-4 益文商业专科学校的"威廉楼"旧址

实益学馆

1897年在烟台顺泰商行、谦益丰银号等华人商号的资助下，美北长老会牧师韦丰年在毓璜顶附近创办了英文学馆，专门培养英文和商业人才，柏尔根担任校长，韦丰年任副校长。学校的管理基本由长老会负责，资助创办学校的华商黄幼达、徐次泉、孙绍襄、梁浩池、万霞如、李载之、李伯轩、李琴轩等八人每年资助经费白银2000两，期限为十年，其间他们有权参加校务会并监督学校的运行管理，完全效仿欧美国家学校

第六章 开埠对于教育事业的影响

管理模式。十年期满后，1907年校资产移交长老会，八名校董退为名誉董事。创校之初学校仅有6名学生，之后毕业生逐年增加，许多学生毕业后都赴英国留学。1909年韦丰年逝世，由美国人毕维廉继任校长，为扩建校舍，毕维廉发起募捐，1911年扩建校舍落成。同年学馆改名为实益学馆，设英语、汉语和商科三个专业，实用性较强。同年耗资10000墨西哥银圆的新教学楼落成，其中5000元由美国俄亥俄州克利夫兰城基督徒史福仁捐赠，其余为烟台各界捐赠，为纪念学馆创办者韦丰年，新教学楼命名为"思韦堂"。辛亥革命爆发后，受新思想的影响，该校有100多名学生剪掉辫子响应革命。1920年4月学馆与会文书院合并成立私立烟台益文商业学校（烟台二中前身）。思韦堂后成为烟台警备区军人礼堂，现已拆除。

图6-5 实益学馆"思韦堂"（历史照片）

烟台蚕丝专科学校

烟台是我国柞蚕发源地,自古以来养蚕缫丝就是烟台传统的手工产业,在烟台地区自商周以来的考古发掘中经常发现和养蚕有关的文物遗存,如各种材质的蚕形器、刻画在器物表面的蚕形符号等,都说明养蚕缫丝业在烟台历史悠久。1920年在英国仁德洋行和敦和洋行主导下,成立了烟台华洋丝业联合会,会长为东海关监督王潜刚,副会长为东海关税务司苏古敦。1922年在联合会的倡导下,在东海关成立了烟台蚕丝专业技术学校,苏古敦临时兼任校长,东海关负责拨付办校经费。同年华洋丝业联合会购下了圣若望修道院全部房产(圣若望修道院是1904年由法国天主教神甫马若望在南山路修建的一座修道院,又称"养老山天主教堂")及周边土地作为校址。迁入新校址后,20世纪20年代被洋人和买办把持,由法国人克努伯先生正式担任校长,并对修道院特别是周围院落进行了改造,使之尽量满足办学要求。学校开办有柞蚕生产、缫丝、织绸、漂染等专业,每期招收20~30名学员,包吃住,以学习柞蚕生产、缫丝、织绸、漂染等新技术为主,边学习边实践。教师多为高薪聘请的归国留学生,学校技师可以分为总技师、副技师、一般技师、技术员、助手和练习生等级别。学校在柞蚕养殖重要地区如文登口子后、牟平屯车夼、牟平广泉寺、栖霞桃村、海阳凤凰崖等地创办了蚕业试验场,招收初级学员,优秀的可以选到蚕丝学校继续深造。1932年2月华洋丝业联合会改组为中国烟台丝业促进委员会,蚕丝专科学校的管理权才回到国人手中。1938年日军占领烟台后,短暂占据学校,后经校方多次交涉才交还。1940年学校停办,共毕业学生十期。

  现有建筑位于东山街道办事处桑园路47号,典型的哥特式建筑,现存教学楼、食堂和缫丝车间三栋。主体建筑即是利用教堂建成的二层教学楼,内设地下室,砖混结构,坐南面北,四面坡屋顶,一、二层均设有开放式外廊,转角处有两座对称的尖顶角楼,建筑面积700平方米。1987年被公布为市级文物保护单位,2013年被公布为省级文物保护单位。

图6-6 蚕丝专科学校旧址

烟台二中

  1866年12月,美国传教士郭显德在风景秀丽的毓璜顶东

开埠与烟台

北坡建立"文先书院"和"会英书院",文先书院只收男生,会英书院只收女生。开设课程有:数学、格致、史地、化学、英语等学科,并辅之以"四书",因系教会创办,另开设"圣经"课。

1894年美国人韦丰年在毓璜顶西南坡兴建校舍,1897年校舍竣工,创办了毓璜顶英文学馆以造就本埠英语商贸人才。1909年英文学馆创办人兼校长韦丰年逝世,后由美国人毕维廉先生继任校长。为扩建校舍,毕维廉发起募捐,1911年新建校舍落成,为纪念创办人韦丰年先生,定名为"思韦堂"(现烟台警备区军人礼堂处)。毕接任校长后,改革课程,严格管理,学校声誉日高,学生有所增加,学生注册人数增至185名,教师15人,多为外籍。1920年郭显德博士逝世,同年4月长老会议定,将会文书院和实益学馆合并,为私立烟台益文商业学校,仍由毕维廉任校长。1926年,当时北洋政府颁布法令,限制外国人在中国开办学校,规定中小学校不得以传播宗教为宗旨,不得将宗教课列入必修课。在中国师生的坚决斗争下,毕维廉辞去校长职务,由中国人罗希嘏应聘任校长,为该校的第一任中国人校长。1932年,由福州协和大学毕业的林求源接任校长,林是一名忠诚的基督教徒,听命于长老会,且拉拢亲信排斥、打击爱国师生,开除进步学生,最终酿成学潮,学生罢课纷纷离校,学校曾一度关门,1936年林求源被迫辞职。1936年秋,汪祥庆接任校长,汪为河北省人士,燕京大学毕业。"卢沟桥事变"后,抗日烽火起,日寇飞机经常飞临烟台,在烟台上空盘旋。汪祥庆校长周旋于日伪宪警之间,维持学校,勉强图存。

1941年，太平洋战争爆发，美籍教员被送潍坊集中营拘押。次年春，日伪接管"益文商专"，改为"烟台市市立第二中学"，校长汪祥庆离烟他去。1945年市立二中与市立女二中合并，成立毓璜顶中学。1948年9月改名为"烟台市立第一中学"。1950年9月，学校由烟台市立第一中学改名为山东省烟台第二中学，为省属学校。

图6-7 烟台二中（历史照片）

崇德女子中学

1917年美国基督教差会加拿大籍修女玛利智尔创办了烟台崇德女子中学，原为师范班，校址设在爱德街，仅有学生18名。1922年烟台天主教各教堂及修女院筹资修建教学楼一栋，1930年增建教学楼一栋。随着20世纪20年代"收回教育主权"运动的开展，北洋政府限制外国人在华办校。1923年，烟台教

育界于子明等16人，为收回教育主权与差会代表伊维廉商妥，学校交付华人自办，并借前会文书院为校址，之后校中一切事宜，悉由华人处理。在此基础上，学校重组校董会，募集大洋三万元重建校舍，教学条件大为改观，学生人数随之增加两倍达到了500人。当时学校设师范、初中、高中三部，各门课程悉遵教育部之课程标准。学生毕业后，升学者占三分之二，其中部分学生加入天主教成为信徒。名义上学校有历任校长，但实际学校管理权均被修女院修女把持。抗战期间，崇德女中和其他几所中学一起迁至牟平成立联中。1945年8月几所学校与崇正中学合并为滨海中学。1945年夏，学校停办。

龙口崇实中学

1892年基督教美国浸信会牧师浦其维及夫人安娜在黄县城北宋家疃创办哈约翰学校，国人称之为华洋书院。学校开办之初仅有学生12名，大部分学费由浦其维夫妇资助，教学与管理由安娜承担。随着学校规模的扩大，基督教美国浸信会开始对学校进行资助。1904年学校迁到了城东小栾家疃。1909年浸信会牧师海雅西之子海查理接管学校并改校名为崇实中学。1920年浦其维再次接管学校，之后陆续合并了卜氏神道学校、立本小学、哈约翰女校、育灵女师范学校等，称崇实大学，又叫华北浸会神学院，成为一所集幼稚园、小学、中学、大学预科、神学院、师范学院于一体的综合学校。在课程设置上，除了宗教课程外，初小设有国语、算术、史地、自然、美术、音乐、体育、习字、劳作等课程，高小增加了英文，高中增加

第六章
开埠对于教育事业的影响

图 6-8　龙口崇实中学旧址

了大代数、欧几里得高级几何、微积分等课程。此外，小学、中学部还有农业、木工、家政、缝纫、烹饪、职业教育等职业技能科目，学校还建有教室、宿舍、膳堂、理科实验楼、化学实验室、物理实验室、生物实验室、药品储藏室、暗室、图书馆、借阅室和多种球场，在当时深受学生、家长及社会各界的欢迎。1928年学校掀起了一场反基督教学潮，教学工作一度陷入困境。20世纪30年代该校教学软硬件均趋完备，1932年拥有理化仪器680件、博物馆标本870件、图书10425册、杂志695册、表册挂图322幅，另有中学生、小学生文库各一部。

1941年日军查封学校。1945年联合国救济总署随军牧师柯理培欲恢复学校，后因战乱放弃。1948年10月与黄县县立中学、北海中学合并成为山东省立北海中学，校址还是位于崇实中学。1950年改名为山东省立黄县中学。1952年又更名为山东省黄县第一中学即现在的龙口一中。

学校建筑保留得较为完整，现存有8栋老建筑，散落在龙口一中校园，分别是主教学楼、男师生宿舍、男师生食堂、高级教工办公住宿楼（2栋）、女师生食宿楼（3栋）。主教学楼现为一中校史馆，坐北面南，平面呈"工"字形，双层砖石结构，建筑面积1558平方米，四面坡屋顶，欧美传统建筑风格。其他建筑今各有所用，2006年被公布为省级文物保护单位。

卫灵女子学校

1906年基督教美南浸信会在烟台海滨创办了卫灵女子学校。1908年正式开课，首任校长为司提芬女士，她是浸信会牧

第六章
开埠对于教育事业的影响

师的夫人。1913—1920年安娜（浦其维之妻）任校长。1920—1923年浦爱德（浦其维与安娜之女）任校长。1923—1925年塔珍珠任校长。因家族关系该校的毕业生可以直接升入龙口崇实中学，之后还可以到上海沪江大学深造。学校以英语和音乐教育为优势专业，毕业生一部分继续深造，其余以教员和医疗护理为主就业。1932年崇实中学校长浦其维在烟台疗养期间就住在卫灵女子学校，其间与烟台焕文中学教师张子云一起翻译了《马太福音注释》一书。浦爱德是美国著名的作家和社会活动家，抗战期间曾在美国募捐援助中国的抗战，1948年3—8月，在老舍的帮助下完成了《四世同堂》的英译本。

抗日战争爆发后，学校停办。新中国成立后，卫灵学校校址成为烟台大马路小学的初小部，后又成为芝罘区教育局招待

图6-9 卫灵女子学校旧址

所等。

现存建筑位于滨海北路北段北海大院内，为海军航空大学房产，除主体建筑外另有附属平房两排、校长办公楼兼住宅一栋。主体建筑为二层砖石结构，平面呈"L"形，一楼为半地下室，二楼设有开放式外廊，建筑面积550平方米。2015年被公布为市级文物保护单位。

焕文学校（男校）

1906年美国南方浸信会牧师慕雅各在十字街创办焕文学校，校址在大马路基督教浸信会教堂南侧，两进四合院，南院有一宽敞活动场地，学校只招收小学阶段男生。1912年扩大规模建成新校舍。1924年增设中学部，改名为焕文中学。先后由浦其维博士、慕雅各牧师、张宝灵女士、雷牧师等担任校长。1949年划入解放路小学。

真光女中

1920年美北长老会在烟台创办的会文书院和实益学馆合并后，会文书院校舍空闲。1921年美国堪萨斯州北长老会捐赠原会文书院中学部为校址，并义务提供英语、医学、音乐等方面的教师，长老

图6-10 真光女中奖状

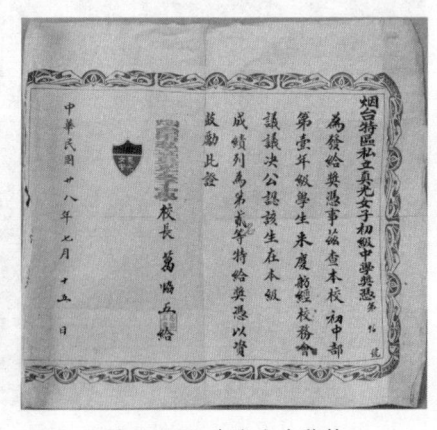

第六章
开埠对于教育事业的影响

会信徒丁志圣、孙显臣、曲子元等人在此成立烟台真光女子中学，是烟台第一所女子中学。20年代的真光女子中学，共有校舍、教室及办公室40间，宿舍30间，图书馆3间，实验室3间，教师中有许多美籍修女，如英文教员伊姑娘、琴师梅姑娘、音乐长狄姑娘等。1925年鉴于烟台没有女子高中，故增办高中部，同年与毓璜顶学校合并。1943年秋季，因经费不足停办。

培真女校

1896年马茂兰夫人莉蕾和美国长老会传教士海尔济的妻子梵妮根据烟台当地花边手工业比较发达的情况，开办了花边讲习班，以教授花边编织技术为主，同时开设圣经课，专门招收女生，学生边工作边学习可以获得报酬。学生毕业后到烟台周边县市区进一步传授花边编织技术，讲习班对于胶东花边产业兴旺发达起到了良好的推动作用，当时胶东地区从事花边制作的妇女曾多达数十万人。1916年马茂兰夫妇在花边学校的基础上兴办培真女子学校，该校为义务教育学校，不收取学生学费，办学经费由仁德洋行（仁德股份有限公司）筹措，仅限小学，学生人数在150名左右。1925年，莉蕾病逝，其女儿继任校长。1926年，该校改为由中国人主持自办，校长是该校原义务教导主任袁润甫，学校主设初中，改名培真女子中学，小学系附设，学生开始缴纳学费。其后又加设培真男校（小学），孙魁一任校长。1933年，培真女子中学教务主任时香雪继任校长直至1945年。1942年3月学校改名为烟台市立南山路小学。

毓璜顶爱道女校

美国长老会教士魏利夫妇于1904年由潍县调职烟台,照顾倪维思夫人(当时倪维思已故12年)。考虑到女子教育的重要性,魏利夫人征得倪维思夫人同意,在住宅楼里空出房间做教室,创办毓璜顶爱道女校。该校改变义校先例,开始收取学费,聘请中国教师授课,专收本地走读生。爱道女校又叫妇女圣经学校,无正式学制,以教授宗教课程为主,同时传授学生剪纸技艺。该校的剪纸作品主要用于圣诞、新年贺卡,还可以制作邀请函、月份牌、签到簿和纪念册等,商品曾在长江各通商口岸、侨民及教会中销售。1937年学校每年都要接受数万元的订单,后又聘请数十名女性为长期工人,学校利用所获收益扩建校舍,增设了运动场、花园等设施。1941年太平洋战争爆发后,外籍教师被日军关押在潍县集中营,学校关闭。

毓璜顶医院附属学校

1913年,美籍护士爱德莱德受美国长老会委托来到烟台,在刚建成的毓璜顶医院举办护士培训班,招收有志于医务工作的男女青年,经培训后在毓璜顶医院就职。之后曾更名为毓璜顶医院附属学校。1918年开始由美国人毕格林负责学校教务长达15年。1926年成为中华护士学会会员学校,当时仅有4名学生毕业,经中华护士学会考试合格获得文凭,而且具有N.A.C.名衔,与美国的R.N.和英国的S.R.N.同义同等。早期毕业生中,男生多于女生,从1933年第18届开始,女生占多数，后来的毕业生几乎均为女性学生。至1944年共19届，毕业学生总数为150人。护校的教师全部由毓璜顶医院的医生兼任，均为齐鲁大学或协和医学院的毕业生。1933年陆瑞德继任校长。1937年北京协和医院护士长聂荣贞担任校长，从此学校规定，入校学生必须有高中学历。聂校长发扬该校严格治校的传统，强化规范标准，提高办学水平，毕业生在全国各大医院享有良好声誉。抗战时期，多名校友冲破日军封锁，辗转跋涉进入后方，效忠国家。聂荣贞在日军接管医院后离职，后赴内地工作，学校由此中断。新中国成立后学校恢复，1990年更名为山东省烟台护士学校。

毓璜顶幼稚园（西山幼稚园）

1900年，美籍牧师郭显德博士继配夫人考比特在原毓璜顶诊所西南侧设立毓璜顶幼稚园，是近代山东最早的幼儿园。1902年新建校舍启用，第一年招幼稚生93名。幼稚园另外有两个教室，安排小学一、二年级学生30名。1912年美国商人史富兰、希医生及肯尼迪基金会和约克山庄长老会出资为幼稚园建新校舍。1919年美北长老会牧师阿保罗夫人主持幼稚园工作，同年底从美国学习幼儿师范专业回来的梅甦善女士负责幼稚园工作，这一年还附设了一所幼稚师范学校。1921年起，一、二年级学生调拨信义小学就读，其教室由幼稚师范专用。1941年该校停办。近半个世纪里，约有3000名幼童在此入学。

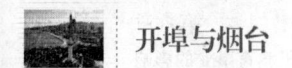

烟台基督教女青年会幼稚园

1925年烟台基督教女青年会在三马路创办了第一所由中国人负责的幼稚园——烟台基督教女青年会幼稚园。女青会总干事王秀卿负责幼稚园工作。1945年8月划归南山路小学。

烟台信义小学

1866年12月，美国传教士郭显德在毓璜顶东北坡建立"文先书院"和"会英书院"，1921年两校合并后将小学部改名为成美小学，当时有学生百余人，校长为王守清。1923年校名改为信义小学，第二年男女合班授课，学生200余人。1940年学校迁至省立八中，1941年被日伪改名为毓璜顶模范小学。1945年8月改名为福乐里小学，并将弘文小学合并。1949年改名为毓璜顶小学。

崇真贫民男子小学

雷斯修道院于1926年3月4日在大海阳附近创办了崇真贫民男子小学，是一所针对本地贫困儿童开始的义务小学。1946年2月更名为大海阳小学。1948年停办。

崇道贫民女子小学

该学校创办于1930年，位于大海阳河西崖23号，由圣安东尼修女院投资建立，学校负责人多为该修女院修女。学校主要接收本地贫困女孩入学，免学费，学生最多时达百余人。1939年并入崇真贫民男子小学。

第六章
开埠对于教育事业的影响

先志中学

1893年马茂兰夫妇在烟台创办了仁德洋行,同年在南山路创办了传教与专业教育结合的芝罘工艺会,又称实业差会,下设孤儿院。1924年国民党人于洪起和崔唯吾利用南山路孤儿院创办了先志中学,二人分别担任校长和教导主任。学校成立之初只招收男生。后因学生数量不断增加,孤儿院房屋不够使用,学校搬迁到了在毓璜顶租赁的新校址。1927年于洪起和崔唯吾离校赴南京,由周竟新担任校长,同年秋先志中学与渤海中学合并为东海中学。1929年10月东海中学与从蓬莱迁到烟台的登州中学堂合并为山东省立第八中学。中华人民共和国成立后,东海中学校址成为烟台无线电一厂技工学校、烟台电子技术学校校址,后划归烟台职业学院。2004年被公布为市级文物保护单位。

图6-11 先志中学旧址

天主教女范学校

方济各会在芝罘俱乐部附近创办天主教女范学校,又称法国女范学校或烟台修道院学校,成立时间不详。该校位于一座长方形二层楼内,一楼为三间大教室,二楼为学生宿舍。学校只招收外籍女孩,大部分为来自哈尔滨的俄罗斯孩子。学生统一穿白领黑色连衣裙,学校采取寄宿制,每年暑假可回家。学制三年,采用法语和英语教学,每年暑假举行期末典礼,在典礼仪式上邀请天主教神甫、各国领事、学生家长参加,并进行文艺表演。建筑今已不存。

黄县怀麟医院附属医学院

1902年美南浸信会传教士、医学博士艾体伟在黄县创办怀麟医院的同时创办了附属的医学院,艾体伟任校长。医学院学制5年,前3年为基础理论学习,科目有体学、体功学、眼科学、化学、内科学、妇科学等,后两年为实习。该院共办两期,1926年艾体伟回国,学院停办。建筑今已不存。

黄县华北神学院

1905年美南浸信会在黄县林家庄子创建黄县华北神学院,因捐款的美籍商人名为布什,该院又名布什神学院。1921年学校改名为华北浸会神学院。20世纪30年代,美南浸信会美籍传教士柯理培来做教员,后任校长,此时共有教员15人。学院科目设置主要围绕传教设置,有神道学、宗教教育学、传道法等课程。后开设高级神学班,培养神学研究生,学生毕业后多从事传教工作。1942年学院停办,1945年曾在青岛复校,1950年最终停办。建筑今已不存。

第二节　国人创办的新式教育

养正小学

1900年10月烟台顺泰商行梁浩池在张裕公司北侧兴办了养正义学堂,是清代末期废私塾、兴学堂之后烟台创办的第一所学校,也是由国人在烟台创办的第一所新式小学堂。养正义学堂成立之初接收了很多贫民家的孩子入校,且减免学费。梁浩池亲自教授学生英文课程。自1902年开始由梁浩池堂弟梁善川负责学校事务。1907年梁浩池去世,梁善川全盘接手学校和顺泰商行。1910年顺泰商行倒闭,导致养正义学堂经营困难,1912年梁善川放弃办学前往青岛。1913年胶东道尹吴永组织社会各界成立校董会接手学堂,吴永、澹台玉田等人任名誉董事,孙绍成、张本政等22人担任董事,先后聘请过李舆臣、董秀夫担任校长,并将学校改名为私立养正小学,并且一直到1918年,学校都不收取学生学费。1919年学校无力支撑,董秀夫辞去校长职务,烟台总商会会长孙曰温捐资资助养正小学,聘请张芝轩担任校长,从这一年开始收取新生学费。

1922年学校再次更名为私立养正国民高等小学校,1927年前后,姜子训、李麟绂、尹凤璋等人组成"养正同学社"接管校务，并由姜子训担任校长。1928年在烟台商会的支持下建立了一座二层教学楼。1929年姜子训卸任校长，袁子久继任。1931年10月新一届校董会接管学校，董事长林秋圃任校长，在林校长的带领下，截止到1936年，学校共有在校生800多人，并向社会募捐，扩建校舍96间。学校管理严格、狠抓教学，校风蔚然声誉极佳，在当时有"贵族学校"之称。学校重视学生的综合素质教育，主要体现在以下几方面：重视学习成绩，考试成绩需要家长签字，优秀作业会在校园展示，每学期末召开家长会汇报学生表现情况；重视纪律品德教育，学校有明确的品德方面奖惩规定，并严格执行；重视集体活动的组织，经常组织学生进行篮球比赛，组织期末文化娱乐活动，组织春游等，还组织学生积极参加全市运动会。1929—1930年，烟台中共党员胡丹萍、胡芝森、许端云、徐永安等人曾以教师身份做掩护进行地下革命活动，还在1930年4月组织了烟台市第一次学生学潮运动。1946年学校并入广仁路小学，1949年改名为解放路小学，1985年恢复为养正小学。

现在保留有两栋建筑，位于芝罘区解放路112号养正小学院内，均为中西合璧风格，一进四合院天井布局，双层砖混结构，双面坡红瓦屋顶，平面呈"回"字形，建筑面积1500平方米，养正小学院内还有一石碑，详细介绍了学校的建设经过。2004年被公布为市级文物保护单位。

第六章
开埠对于教育事业的影响

图 6-12　养正小学旧址

开埠与烟台

烟台师范附属小学

1940年烟台蚕丝专科学校停办，在学校旧址举办了烟台师范学校，烟台师范学校在广仁路东头建立了师范附属小学，设六个年级，每个年级一个班。1945年8月学校被政府接管。1965年5月山东省烟台专署电影发行放映公司搬迁到此。现有建筑位于芝罘区广仁路东首路南，中西合璧风格，双层砖木结构，两面坡红瓦屋顶，平面呈"U"形，建筑面积800平方米。2004年被公布为登记保护的不可移动文物。

图6-13 烟台师范附属小学旧址

省立八中

1925年由烟台本地名绅牟君山、刘棠棣、孙瀛九、赖玉

第六章
开埠对于教育事业的影响

圃等人出资,建设校舍将先志中学和渤海中学合并成立东海中学。1929年10月登州中学堂搬迁到烟台,与东海中学合并,1934年1月改名为山东省第八中学。1930年前后,著名作家、社会活动家丁玲在此任教。1933年一批有抗日背景的东北流亡学生考入学校,他们到校后积极组织读书社、文艺社等开展抗日救亡运动。1937年冬学校停办。

省立八中的建筑包括中山堂、红楼、教学房、辅助教学房和宿舍等,另外设有田径场、足球场、篮球场(包括平时用的篮球场和比赛专用篮球场)、排球场、网球场等。现有建筑位于芝罘区烟台警备区院内,为中山堂和宿舍,中山堂为新文艺复兴风格,坐西面东,二层砖木结构,四面坡红瓦屋顶带有阁楼,平面呈长方形,建筑面积1550平方米。2004年被公布为市级文物保护单位。

图6-14 省立八中旧址

崇正中学

1914年黄伟绩联系烟台法国天主教杨姓神甫（司铎）及赵子才等人，创办了崇正国民义务学校，位于爱德街天主教堂印刷馆后院，由黄伟绩任校长，主要招收小学阶段学生。1917年学校迁到了东升街。1931年2月，烟台天主教方济会在海岸路东首成立崇正男子中学，之后又开始招收高中阶段的学生。1934年中学部迁到了新校址即建筑所在地，黄烈卿任校长。1945年烟台市政府接手该校，将它变成了一所公立学校，并与崇德女子中学合并，改名为滨海学校，不久又改名为烟台市立第二中学（与现在的烟台二中不同），刘仲璜任校长，刘立凯任教导主任。1951年成立山东省水产学校，校址即位于此，1994年加挂烟台大学水产学院牌子。

学校占地20余亩，位于芝罘区向阳街道办事处大马路109号，原有主教学楼四座，现仅存两座，另有办公楼一栋、校长住宅一栋，建筑多带有法国古典主义建筑风格，多为2~3层楼房。崇正中学重视体育教育，校内设有足球场、篮球场、排球场、网球场、竞赛场和田赛场。此外还有平房15间。功能分为特别教室、图书阅览室、理化仪器室、成绩室、体育器械室、军乐练习室、印刷室、消费合作社、校长办公室、教务训育事务联合办公室、集会室、教员预备室、储藏室、自行车室、宿舍和传达室等。2004年被公布为市级文物保护单位，2013年被公布为省级文物保护单位。

第六章
开埠对于教育事业的影响

图 6-15　崇正中学旧址

芝罘中学

从 1931 年 7 月开始,烟台本地工商界名人绅士,诸如张本政、崔葆生、吴敬之等纷纷倡议成立国办学校,国民党二十一师师长刘珍年根据社会倡议决定办一所国办的中学——芝罘中学。他组织烟台名绅、军政要人首先成立了校董会,由刘珍年任董事长,聘请北京师范大学历史系毕业生、曾在南开中学任教的庄子毅担任校长,澹台玉田、吴敬之、綦邵武、曹荫南、林秋圃、王益斋等人为校董。设教务主任、训育主任、教员、教工等职位,校舍临时借用山东海军训练营,1931 年 9 月 28 日举行了开学典礼。之后由烟台商会募捐十余万元作为办学经费,购置了 24 亩土地建立了校舍,1932 年 2 月 1 日新校舍落成。学校建立之初对学生管理极为严格,部分采用了军事化管理的手段,严格的管理换来了学生良好的生活、学习习惯,学校也因此声名鹊起。1938 年 2 月日军侵占烟台,芝罘中学被迫停课,1941 年日伪接管学校,并改名为烟台市立第一中学。1945 年 8 月改名为东山中学,1946 年春天,胶东公学迁到烟台,芝罘中学(东山中学)并入胶东公学。1947 年胶东公学与其他学校一起到农村办学,并联合成立烟台联中。1948 年 10 月迁回原址并改名为山东省烟台中学。1950 年学校正式定名为山东省烟台第一中学。

原有建筑位于南大街烟台一中位置,由教学楼和附属建筑组成,现仅存学生宿舍一栋,开辟为校史馆。

第六章
开埠对于教育事业的影响

图 6-16 芝罘中学旧址

崇德女小幼稚园

1918年崇德女子小学在崇实街25号附设了崇德女小幼稚园，负责人为中籍女士沈珍奇，教师有李基玉、魏淑珍。1937年幼儿人数34人，分三个班。1945年8月被烟台市人民政府接收。

开埠与烟台

第七章　开埠对于医疗卫生事业的影响

开埠之前烟台没有政府设立的公立医院，仅仅有民间传统的中药房，并有中医坐诊，西药和西医，以及现代化医疗设备的引进都在开埠以后。开埠后烟台的医疗卫生事业呈现出两大变化，一是正式医院的逐渐建立，二是一批中西药房发展起来。这对烟台医疗卫生事业的发展具有很好的促进作用，也极大改善了百姓的生存状况。

第一节　医院的建立

美国长老会医院（毓璜顶医院）

1862 年美北长老会派传教士麦嘉蒂夫妇来到烟台传教并开展医务工作，这一年恰逢烟台遭遇霍乱，麦嘉蒂夫妇传教未果，却在治疗霍乱方面发挥了重要作用。1864 年郭显德夫妇接替了麦嘉蒂夫妇，住进麦嘉蒂位于毓璜顶的住宅。郭显德的夫人苏紫兰因受过专业护士训练，便于 1890 年在毓璜顶开办了一个药局，后改为诊疗所，这就是毓璜顶医院的前身。1908 年

第七章
开埠对于医疗卫生事业的影响

图 7-1 毓璜顶医院（历史照片）

美北长老会派传教士嵇尔思到烟台筹办医院。1913年邓乐普也来到烟台，与在登州文会馆学习生物及西药学的张书江一起参与到医院筹建工作中。1914年6月30日，美国长老会毓璜顶医院落成，占地面积8653平方米，由门诊楼、病房楼、护士宿舍楼及附属建筑组成。上千国人和外国侨民参加了落成典礼，当时仅设综合门诊。嵇尔思任院长，邓乐普博士为主要大夫，另有1名美国护士和11名中国实习护士，开业第一年就有204名病人住院，9730人到门诊接受治疗。1914年开业的同时设立护士训练班，培养专业护士，后成为护士学校。1917年增设眼科、耳鼻喉科和化验室。1924年嵇尔思辞职回国，由狄乐任院长，并聘请齐鲁大学医学院、北京协和医学院等院校毕业生担任医生，此时医院以外科设备与治疗业绩在我国北方颇有名声。到1934年，医院有医生8名、护士44名。1938年日军占领烟台后，医院的外籍人员纷纷撤离。1941年医院被日

/ 147 /

军接管。1945年8月烟台政府任命梁济民担任院长，并更名为烟台市公立医院。1948年10月医院再次更名为烟台市立医院。1983年正式定名为烟台毓璜顶医院。医院原有建筑在医院改扩建过程中被陆续拆除。

法国医院（烟台山医院）

1860年法国天主教方济会传教修女即前文提到的白衣修女初学总院修女，在烟台爱德街创办了天主教堂施医院，后地址又改为崇实街4号，最初规模很小，类似诊所。1890年法国巴黎方济各总会拨款进行扩建，成为烟台市内最早的医院，同时在院内还创建了修女院，负责人是一位法籍修女和德籍修女郝培叶，施医院（法国医院）归修女院领导。医院设立之初由法国人罗撒立任院长，主要服务于在烟台工作传教的天主教徒，后逐渐分为西人病院和华人诊所两部分，分别为外籍人士和当地居民服务。医院因受到法国政府的捐助，故又名法国医院。当时医院有两层，楼下为门诊、药房、化验室及X光室，楼上为病房，有床位65个，内设割诊室、养病室、洗浴室和诊脉室。有医生9人、护士15人、化验员1人，经费由天主教徒捐赠。

法国医院的创立也有传教的目的，医生在诊治病人的过程中也在传教和吸纳信徒，医务人员星期天做礼拜要求病人也参加。法国医院在当时是烟台第一家使用X光和以西医疗法为主的医院，也是开办较早、规模较大、设备先进的医院。1938年2月，日军占领烟台后更名为公济医院。1948年时，有病床20

第七章
开埠对于医疗卫生事业的影响

张、人员 30 人。1952 年 6 月烟台市人民政府接管医院，法国医院至此结束历程，以后几次更名，1983 年改名为烟台山医院。

原有建筑位于崇实街 4 号，主体为二层楼房，坐北面南，砖木结构，圆拱形狭长窗户，具有浓郁的欧洲风格，建筑面积 800 平方米，今已不存。

图 7-2　烟台山医院（历史照片）

烟台圣安东尼麻风病院

1906 年法国人玛德伦德爬滋在大海阳圣安东尼修女院院内西面开设圣安东尼麻风病院。初时只能容纳 2 名病人，1917 年法国人董煦、梅女士担任医师，圣安东尼修女院修女担任护士。1928 年医院重新修建后有病床 45 张，病人增加到 40 人。1939 年日伪当局要进行麻风病人登记，住院患者恐被残害，纷纷离院出走，医院关闭。

烟台市立医院

1931年成立了烟台平民医院，位于海岸街西段路北德国邮局西侧，1934年烟台特别行政区张奎文专员将医院改为烟台市立医院，并进行了扩大，有病床18张，紧急情况下可以增加到30张。毕业于北京联合医药大学的李医生一直任医院院长，烟台市立医院有4名大夫和5名护士，每天可接待35名患者就诊，主要服务于机关职工，向他们提供免费医疗服务，也低价向社会开放，尤其对社会贫困群体实行优惠，并设立有戒毒房，帮助吸食鸦片的人戒除毒瘾，公益性较强。1939年2月日军对医院实施了改组，8月更名为市立烟台医院，由日本人石垣宗一郎担任院长。

图7-3 烟台市立医院旧址

현有建筑位于芝罘区向阳街道办事处芝罘区海岸街20号，中西合璧风格，坐南面北，两面坡青瓦硬山屋顶，双层砖混结构，平面呈长方形，长方形窗户，门原为拱形门，后改为长方形并加沿，建筑面积500平方米。2015年被公布为市级文物保护单位。

黄县怀麟医院

1902年毕业于马里兰州巴尔的摩的内科与外科医学院的基督教美国浸信会牧师艾体伟在黄县城东小栾家疃创办了怀麟医院，并任首任院长。"怀麟"是为纪念医院筹建捐款人——美国佐治亚州浸信会牧师峨麟。在建设医院后，还开设了怀麟医学院，学制五年，共有两届毕业生，1926年学院停办。之后又开设了怀麟护士学校，为本院和社会培养护士。

怀麟医院设有内科、外科、妇科、儿科、五官科等，设置病床100张，有医务人员近百人，其中医师12人、护士12人、助产士2人、药剂师2人。还有其他行政、杂勤人员若干。医院设有门诊楼、候诊室、住院处、药房、男女病房、消毒室、手术室、浴室、伙房、洗衣房、缝纫房、勤杂工室等。备有发电照明、自来水、人工制冰、X光机、化验等先进设备。医院实行严格的病员管理制度，住院病人统一穿病号服装，在医院必须食用医院规定的饮食，不允许家属陪床，实行护士长巡视制度，在成立之初就是一家正规、现代化的医院。

1926年艾体伟回国，安鼎森继任院长，截至1934年医院有医生5人、护士19人、其他人员13人。抗战初期怀麟医院还曾

收治八路军伤员,并得到胶东行署主任曹漫之书面证实和表扬。

1941年12月太平洋战争爆发,日伪接管医院,美籍人员被逮捕遣返回国,医院改名为黄县县立医院,臧国瑞被强行委任为院长,日军在医院四周构筑碉堡、战壕、铁丝网等军事设施,院内驻伪军一个排。医院建筑后在战火中被焚毁。

图7-4 黄县怀麟医院(历史照片)

第二节 其他医疗机构

全界药房

位于朝阳街和会英街交汇处,建筑年代不详,为国人开设的一家药房,中西合璧风格,坐东面西,一进四合院布局,带

第七章
开埠对于医疗卫生事业的影响

天井，双面坡红瓦屋顶，二层砖混结构，正门上方有"全界药房"字样，建筑面积730平方米。

图7-5　全界药房旧址

李大夫诊所

1936年莱阳人李鸿熙在会英街开办了李大夫医院，楼上设病房，楼下门诊，住院病人多为短期住院者，还曾帮助花柳病人及吸食鸦片者进行治疗。建筑位于会英街和西太平街交汇处，中西合璧风格，坐南面北，四面坡红瓦屋顶，双层砖木结构，建筑面积450平

图7-6　李大夫诊所旧址

/ 153 /

方米，大门上方有"DR.UHANGS HOSPITAL"英文字样。

五洲大药房

烟台五洲大药房建于20世纪20年代，是国人创办的一家兼营中西药品的连锁药店。现有建筑位于芝罘区向阳街道办事处朝阳街60—61号，坐东面西，九开间，中间有圆拱形大门，中西合璧风格，二层砖混结构楼房。2011年被公布为市级文物保护单位。

图7-7 五洲大药房旧址

中和大药房

20世纪30年代王振声在烟台北大街创办中和大药房，当时是烟台八大药房之一，药房的西半部分为草药柜台，东半部分为成药柜台，楼上为医生坐堂。店员最多时达30多人，聘

第七章
开埠对于医疗卫生事业的影响

请曾在烟台警察署甲种考试获得第一名的医师杨配之为坐堂医生。中和大药房是传统的"前店后厂"药房，在后院加工各种丸、散、膏、丹等中成药，批发兼零售，该药房研制的"山道年"驱虫药，疗效极佳，使很多蛔虫病患者从中受益。20世纪50年代参加公私合营，并入生生堂药房，建筑于20世纪90年代全部拆除。

原有建筑位于北大街天后宫东侧路北，药房为两进院落，3栋正楼，两侧为厢楼，临街建筑较为宏伟，院内为成药加工区，中间楼、后楼为加工区和药库。

华美大药房

1913年栖霞人林魁五在大连创办华美大药房，1915年将药房总部迁到烟台，设立烟台华美大药房，在大连的改为分公司。药房以经营西药为主，兼营少量医疗器械、化学试剂和玻璃仪器，以后经营范围逐步扩大。截止到1934年，拥有职员27人，经营医疗器械150余种、化学试剂40余种、玻璃仪器60余种，经营的西药遍布胶东各县，除了从欧洲、日本购货外，还可以自制药品20余种，并在南京国民政府商标局注册有"醒狮牌"商标。1947年国民党占领烟台期间生意萧条逐渐衰落，1949年3月几名店员许继忠、张善奎、高鹏九在原址成立华美合记药房，1956年参加公私合营后消失。

现有建筑位于朝阳街和建德街交汇处，中西合璧风格，四面坡红瓦屋顶，双层砖石结构，平面呈"L"形，建筑面积1300平方米。

图 7-8　华美大药房旧址

南洋大药房

1933年黄县人杨星垣在朝阳街创办了南洋大药房，主营西药原料、针剂片剂、外敷油膏、医疗器械、成药制作等，南洋大药房经营的止疼药"治痛灵"、外科药物"愈肤膏"、治疗便秘的"拉沙米通"、治疗肺病的"肺立宁"等非常有名，在当时南洋大药房是烟台最为出名的药店之一。1938年2月日军侵占烟台后，南洋大药房将药品大量秘密运往各抗日根据地，积极支持抗战。之后杨星垣被日军逮捕，虽经家人营救被释放，但出狱不久即离世，南洋大药房因此衰败歇业。现有建筑位于芝罘区向阳街道办事处朝阳街7—9号，中西合璧风格，坐西面东，临街建筑为两面坡孟莎式双折线青瓦屋顶，带阁楼，双层砖石结构，平面呈正方形，建筑面积900平方米。2011年被公布为市级文物保护单位。

图7-9 南洋大药房旧址

生生堂药房

生生堂药房于1863年开业，是烟台老字号中药房，老烟台八大药房之中最大的一个。生生堂药房根据中医传统药房和制作工艺，精致各种丸、散、膏、丹等成药，并按照我国最早的中药炮制学专著《雷公炮炙论》的严格规定，经过炒、焙、焖、煨、煅、升、飞等生产工艺，加工各种饮片炮炙，其产品除零售外多面向中小药铺进行批发。药房常年设坐堂中医和挂牌中医为民众诊断开方。1915年在威海开设了分店，经营中成药800余种。由于生生堂药房成药加工精细、配制考究、疗效良好，深得民众信任和赞扬。20世纪90年代，在北马路拓宽过程中药店建筑被拆除。原有建筑位于北大街与桃花街交汇处，坐南面北，中国传统的二层砖木结构楼房，有房间36间，店内西部为中草药柜，东部为账房和成药柜，院内南楼下层为客厅和经理办公室，其余为草药加工制作、仓库、厨房、宿舍、坐堂医生用房。正门两侧门柱上书对联，上联为"生者大乾坤并寿"，下联为"生则明日月常昭"。建筑今已不存。

图7-10 生生堂药房（历史照片）

王子政牙医士诊所

民国初年，王子政在朝阳街北段创立了王子政牙医士诊所。王子政为福山张格庄杜家崖子村人，15岁离家到威海拜国

第七章
开埠对于医疗卫生事业的影响

外毕业的牙科医生谷秀堂为师,学成后在朝阳街开设了牙医诊所。王子政牙医士诊所对于卫生条件要求极其严格,诊疗手段和设备配置与国际同步,是烟台外国侨民、本地士绅诊疗牙病的首选,在当地拥有极好的口碑。为满足高端客户需求,王子政经过上百次实验,研究掌握了白金牙冠技术,打破了欧美国家技术垄断。

图7-11 王子政牙医士诊所(历史照片)

抗战期间,王子政和家人曾冒生命危险为西海地下医院供应药品,用于救治八路军伤员。诊所现有建筑位于朝阳街北段路东,中西合璧风格,两面坡红瓦屋顶,平面呈长方形,二层砖木结构,建筑面积240平方米。

开埠与烟台

第八章 各国在烟台开办的洋行

开埠后大量的外国公司纷纷涌入烟台，他们在这里设立洋行企图垄断烟台进出口贸易，开设银行控制烟台金融市场，创建邮政、电报局控制烟台通信事业甚至其他市政业务。

第一节 林立的洋行

早在开埠之初的1862年，就已经有滋大洋行、士美洋行等五家国外公司在烟台成立分公司。到20世纪20年代，仅英商洋行就有20多家，其中仁德洋行、太古洋行、和记洋行、卜内门洋碱有限公司等都是在国际上各领域享有一定声望的国际知名企业。到20世纪40年代，在烟台设立的洋行已经有上百家，它们来自英国、美国、日本、德国、法国、俄国、荷兰、希腊等十余个国家。这些洋行的存在极大促进了烟台进出口贸易的发展，激发了烟台市场的活力，也使得大量国际资本积聚烟台。

英国仁德洋行

1893年英国商人詹姆斯·马茂兰在烟台创办了马茂兰公

第八章
各国在烟台开办的洋行

司,公司设有茧绸、发网、花边、进出口和印刷五个部门,主营丝绸、蚕丝、花边、发网、绣花等生产和出口,其贸易额在当时居山东外贸进出口首位。公司中文名称为仁德股份有限公司,本地人一般称其为"仁德洋行"。马茂兰在烟台成立仁德洋行的目的是通过烟台港出口他在山东生产的产品,形成新的产业。1896年马茂兰的妻子莉蕾在烟台创办花边讲习班,后发展成花边学校。1910年在当地官员和乡绅的建议下,马茂兰夫妇还创办了一所孤儿院,收容当地无家可归的儿童,当时为收容这些儿童,马茂兰夫妇募捐建起两座房子,一座收容男孤儿,另一座收容女孤儿和极其贫困又无依靠的妇女,孤儿院内还开办学习班,教孩子们花边编制技术和制作鞋子、地毯。1916年马茂兰夫妇在花边学校的基础上兴办培真女子学校,为义务教育学校,不收取学生任何费用,办学经费就由仁德洋行出资,学生主要学习圣经和赞美诗,同时学习花边编织技艺。同年9月,詹姆斯·马茂兰去世,其夫人莉蕾接管公司并聘请英国人莱阿斯特担任经理。1923年马茂兰长子罗拔·马茂兰回到烟台加入仁德洋行,1926年正式任经理并担任烟台外国商会主席。他将公司业务扩展到了保险代理、汽车销售、印刷及航运代理等方面。罗拔·马茂兰主管时期,仁德洋行生意达至鼎盛,为外国公司在烟台资本最大的一家,进出口及商务代办业务居于山东全省首要地位。仁德洋行每年出口的柞蚕生丝、丝绸、真丝废丝、花边、刺绣和发网,与其他出口商相比都处于领先位置。它不仅在青岛、济南设立分支机构,还在威海、青岛、上海等地设有合作公司。洋行上层高管多为英籍人士,各

开埠与烟台

部门由熟悉本地情况的中国人协助打理,拥有各级职员200余名,工人则多达300多人。罗拔·马茂兰也成为当时在烟台最有影响的外商。

1928年仁德洋行在原址建起了新的办公大楼。仁德洋行印刷厂印刷出版了烟台唯一的外文报《烟台英文报》(又名《芝罘日报》),还拥有一个较为现代化的汽车销售维修服务基地,代理美国福特汽车出口业务。罗拔·马茂兰执掌仁德之时,兼任路透社驻烟台记者,亲自采写新闻消息,平时仁德洋行不仅每天出版报纸,还设有电台定时收发路透社新闻电讯。1929年前后,中共烟台特别支部创办的《胶东日报》,也由仁德洋行印刷部印行,但很快因言论触怒当局遭到查封。另外,驻烟台国军内部中共地下党组织的刊物《新胶东》,也是由仁德洋行承印的。

1941年12月太平洋战争爆发后,日军查封了仁德洋行,并在此设立日本宪兵队,关押和杀害抗日志士。因为罗拔·马茂兰曾通过路透社报道中国抗日部队挫败侵华日军的

图8-1 仁德洋行大楼(历史照片)

消息，日本宪兵队查封仁德洋行及所属企业的同时，借机将他逮捕，由烟台解往青岛，随即秘密杀害。1948年8月抗日战争胜利后，仁德洋行建筑被用作烟台地区运输公司办公用房。20世纪60年代，拆除部分建筑新建了运输公司家属楼。1998—2002年城市改造时拆除。

原有建筑位于大马路中段，建于1928年，英国新古典主义风格，坐南面北，两面坡青瓦硬山屋顶带阁楼，双层砖混结构，平面呈长方形，设有开放式外廊。

英国和记洋行（茂记洋行）

1864年英国商人詹姆斯·威雅森和康纳德共同创办了和记洋行，建筑兼作瑞典、比利时、挪威等国的领事馆，两人还代理意大利等国领事职务。和记洋行是英国在烟台开办最早的商行之一。洋行成立之初主要业务是收购胶东各地土特产品，并将之销售到我国南方各口岸，后来作为商业代理机构获得了许多世界知名船运公司和保险公司的代理资格，同时在多条国际航线上从事贸易活动。

1876年威雅森离开和记洋行，公司解散，同年成立了康纳德公司，对外仍称作"和记洋行"。1886年和记洋行斥资购买三艘轮船"约翰号""格尔达号""资产号"，开辟了烟台到天津、烟台到香港的航运路线，在烟台港修建了自己的专用码头，不断扩大海外航运业务。1899年埃克福德也入股参与到和记洋行，公司改名为Cornabé, Eckford & Co，但对外仍称作"和记洋行"，埃克福德负责公司的经营。1902年，埃克福德因身

体状况回到英国，和记交由其继子爱克夫管理。

爱克夫担任和记洋行经理后，和记洋行取得了更大的发展，除原来的外贸进出口业务，和记洋行还涉足航运、汽车运输、出租等业务，由其代办的船运商号有中印航运公司等20余家。到1930年为止，和记洋行除了烟台总部外，还在青岛、大连、威海、天津、沈阳、哈尔滨都设有分公司。爱克夫还曾担任瑞典、美国驻烟台副领事，并热心参与烟台当地的社会活动。1907年，他倡导成立了烟台外国公会，并担任首任会长。爱克夫最早提出建设现代化港口建议，并多处聘请专家拟制方案，推动了"烟台海坝工程会"的成立。后来为纪念他的贡献，地方政府把烟台山下通往开平码头的一条路命名为"爱克夫路"。1914年北洋政府也对其在烟台的杰出贡献予以表彰，授予其"五等嘉禾"勋章。

1934年和记洋行的代办携款潜逃，洋行倒闭，同年被仁德洋行并购重组，成为一家英国有限责任公司——茂记有限公司（又称茂记洋行）。改组后的茂记洋行总经理仍由原和记洋行总经理爱克夫担任，公司仍然主要经营进出口业务，并在烟台开创了出租车业务，拥有一支现代化车队和修理车间，是当时烟台唯一一家经营出租车业务的洋行。除此之外，茂记洋行还代理船运和保险业务，如世界知名保险公司——英国伦敦劳埃德保险社就将茂记洋行作为自己在中国的代理商，茂记洋行从而成为烟台航运业和保险业务规模最大的英国公司。1941年洋行被日军查封，英籍员工全部被押送至潍县集中营关押。1960年华侨旅行社在此办公。

现有建筑位于芝罘区向阳街道办事处海关街34号,美国装饰艺术派风格,坐北面南,平顶三层砖混结构,平面呈方形,建筑面积312平方米。2006年与烟台山近代建筑群一起被公布为全国重点文物保护单位。

图8-2 和记洋行旧址、爱克夫路路标

英国卜内门洋碱有限公司

卜内门洋行是世界近代史上著名的化学工业公司,由英国人约翰·布伦纳与路德维希·蒙德(即卜内和门氏)1873年在伦敦创办。卜内门洋行由经营洋碱起家,主要经营纯碱、化肥,是当时世界五大公司之一,也是当时英国的四大公司之一,在英国有300多家工厂。

开埠与烟台

1900年，该公司发现中国上海已开始大量使用肥皂，就在上海设立了驻中国总公司，并由在华英商代表人物李德立担任总经理，在天津、青岛、汉口、广州、厦门、烟台等13个大中城市设立分公司，长期垄断中国化工市场。卜内门洋碱有限公司烟台分公司设立于1900年，位于海关街中段，同样以经营肥皂（中国人俗称洋碱）、化肥和药品为主。1941年12月因房产被日军征用而歇业，1945年8月恢复经营，中华人民共和国成立后随总部迁往中国香港而关闭。

现有建筑位于芝罘区向阳街道办事处海关街7号，中西合璧风格，坐西面东，临街为商铺，后院为仓库，双层石木结构，四面坡红瓦屋顶，建筑面积190平方米，正门上刻有"卜内门洋碱有限公司"及其英文字样。2011年被公布为市级文物保护单位。

图8-3 卜内门洋碱有限公司旧址

第八章
各国在烟台开办的洋行

英国敦和洋行

1912年1月,英国曼彻斯特商人瑞尔顿在烟台创建敦和洋行,主要经营进出口贸易。同年,克疠伯和詹姆士·西尔俄松也加入了敦和洋行。从成立到1914年,敦和洋行业务得到迅速发展,规模也不断扩大,出口的产品包括柞蚕丝绸、花边、刺绣、发网和废丝,进口货物包括产自英国曼彻斯特和布拉德福德的布匹、制鞋皮革、制鞋绐片胶、新闻纸张和杂货等,还代理了五个消防保险公司火险和一个海事保险公司海上保险业务。

1928年敦和洋行开始经营大宗草帽鞭、金丝草帽,从菲律宾马尼拉进口金丝草、麻纤维和各种编织帽子的纤维原料,在烟台进行加工

图8-4 上图为敦和洋行火险保险牌、下图为敦和洋行旧址

/ 167 /

开埠与烟台

后出口到法国、瑞士和日本等国。并在烟台开办了一家大型的缫丝工厂，聘请华人刘牧堂担任经理。1932—1938年敦和洋行经理克虏伯还兼芬兰、挪威、瑞典等国领事职务。1938年2月日军侵占烟台后，敦和洋行的经营受到严重冲击，1941年被日军查封。敦和洋行一度成为中共地下党组织的秘密活动点，1930年前后中共党员乔天华长期以敦和洋行职员的身份作为掩护秘密开展党的活动。1929年夏他介绍敦和洋行中方经理刘永生及其亲戚王本雨加入共产党外围组织"崆峒社"；1932年乔天华秘密领导了烟台缫丝工人大罢工，并在烟台益文商业专科学校领导成立了"反帝大同盟小组"。

现有建筑位于芝罘区向阳街道办事处芝罘区海岸街11号，欧美新古典主义风格，坐北面南，二层砖石结构楼房，平面呈方形，建筑面积450平方米。2015年被公布为市级文物保护单位。

英国太古洋行

1816年英国人约翰·斯怀尔在利物浦创办了太古洋行。1861年开始与中国进行贸易，1867年在上海设立办事处，从此进入中国市场，主营航运业，以推销英国纺织品和采购中国茶、丝为主要业务。1872年斯怀尔在英国集资36万镑，在上海设太古轮船公司，主营航运业。除上海外，太古洋行还在天津、塘沽、宁波、汕头、广州、南京、芜湖、

图8-5 太古洋行界石

九江、汉口、长沙、宜昌、青岛、烟台、大连、营口、安庆、沙市等城市设立分支机构或者码头堆栈。1900年广东人杨梅南担任烟台太古洋行第一任经理,太古洋行暗中沟通旗昌公司、怡和洋行,极力排挤中国民族资本,对在烟台从事航运业务本地客商形成了极大的冲击。1938—1939年,英国人哈根担任太古洋行经理,1948年10月太古洋行关闭。建筑今已不存。

英国亚细亚石油公司华北公司烟台分公司

1898年英国亚细亚石油公司在上海成立中国华北公司,是属于盎斯洋行和科内布·爱克弗德公司共同拥有的子公司。1916年华北公司在烟台设立了办事处,1929年正式开始在烟台的业务活动,同时上海总部决定将烟台办事处升格为分公司。烟台分公司主要销售壳牌汽油,以及壳牌、狮牌等品牌的发动机油,这些品牌都由仁德洋行指定亚细亚烟台分公司作为唯一代理商。此外在烟台市场还销售银锭牌和皇冠牌煤油,以及皇冠牌、仙鹤牌、轮船牌蜡烛、燃油,还销售壳牌、狮牌润滑油、石蜡等。位于烟台二道街(今胜利路北首)的顺和福杂货店是其指定销售商。该公司在烟台设有两个仓库,一个储油,另一个储放其他产品。

日本岩城商行

1902年日本人岩城在烟台创办岩城商行,最初为办事处,位于朝阳街,主要经营煤炭,经过不断的业务拓展,很快占据了烟台煤炭市场大约70%的份额。1906年岩城商行在青岛设立办事处，营业额很快超过烟台。1912年总部迁往青岛，烟台变为分公司所在地，之后又先后在日本的神户、岩松及中国旅顺、济南设立分公司。1913年开始发展航运、船具、杂货运输等业务，同年购买了"瑞穗丸"号和"催晓丸"号等6条不同类型的轮船，开辟了烟台—香港、烟台—丹东、烟台—日本的航线。1914年总部迁往日本神户。

1919年因日本经济萧条，受金融危机的冲击，岩城商行下属各分公司纷纷独立运作，与总部不再发生业务联系。1925年岩城商行执行董事高见义男出任烟台分公司总经理，同年建成新办公大楼。1926年高见义男家族对岩城商行烟台分公司进行了重组，该公司完全被高见家族接管，在烟台主要开展进出口贸易、航运和保险等业务，成为烟台对日本进口贸易的主要商业机构。进口货物包括水泥、燃油、铜、五金、白糖、面粉、玻璃和苏打粉等，控制了烟台从日本进口业务的一半以上。1938年日军侵占烟台后，岩城商行和三井物产会社利用政治优势几乎垄断了烟台的进出口贸易。1945年8月改为北海银行烟台支行。

现有建筑位于芝罘区向阳街道办事处顺泰街15号，欧美新古典主义与现代简约风格结合，坐北面南，双层砖石结构，平面呈正方形，中间为天井，建筑面积840平方米。2011年被公布为市级文物保护单位。

日本三井物产株式会社

三井物产株式会社是日本三井财团旗下最为活跃的子公司，总公司设在日本东京，在世界各地拥有100多家分支机构。1898年三井物产株式会社在烟台设立了分公司，在烟台主要经营煤炭、高丽参、一般货物和保险。它是唯一一家经营东北抚顺煤炭的公司，还是朝鲜政府唯一授权垄断经营高丽参的公司。它所代理的保险业务在烟台保险市场占有很大份额。建筑今已不存。

图8-6 日本三井物产株式会社旧址

俄国士美洋行

士美洋行最早由荷兰人路易斯·亨利·史密斯1895年在朝阳街开办，曾短暂地作为挪威和荷兰的领事馆。史密斯原名瑞斯特伯格，是一名荷兰人，后来成为一名英国水手，因为史密斯在海参崴待过十年，同俄国政府和商界建立了密切的联系，他来到烟台后因俄国当时尚未在烟台设立领事馆，史密斯成为俄驻烟商务代办，士美洋行理所应当就承担了华俄道胜银行（后改名为俄国亚洲银行）在烟台的业务。直到1908年俄亚洲银行烟台分行建立，因此我们一般认为士美洋行是一家俄国公司。之后转向经营花边、绣花和发网出口业务，也代理葡萄酒、烈酒在烟台的销售，以及火灾、人寿保险等业务，同时代理和记洋行、麦格雷戈公司船运业务，还经营烟台到海参崴的客运业务。此外，士美洋行积极参与俄国在山东的人力资源输出，仅1896—1903年，就通过烟台港向俄远东地区输出劳工约12.5万人。1900年还爆发过2000名劳工在赴海参崴过程中与士美洋行人员发生激烈冲突的事件：当时劳工在烟台港登船的过程中，突然蔓延出一条信息——这些劳工在到达海参崴后会被编入部队，还会被剪掉辫子。现场很快乱成一片，有些人开始跳船，没登船的人拒绝登船，这些人集合起来冲到了士美洋行办公地点，对洋行进行了打砸和围攻，事件最终在一些久居烟台的欧美人士和道台衙门的调停下得以平息。日俄战争前士美洋行曾在大连、旅顺建立分公司，1904年日俄战争期间，士美洋行曾被日本人破坏。

第八章
各国在烟台开办的洋行

史密斯去世后，洋行由其夫人勒·赫·史密斯经营，她雇用挪威人卡普伦担任经理。1917—1923年，士美洋行因俄国爆发十月革命歇业，1923年苏联在烟台设立领事馆后，士美洋行恢复经营，在20世纪30年代还在上海和龙口设立分公司，直到1941年被日军查封。1948年10月洋行建筑被收归国有，划给渔业公司渔轮修造厂。1960年部分附属建筑被拆除，办公楼和货栈得以保留，目前为部队房产。

现有建筑位于芝罘区向阳街道办事处海关街33号，由办公楼、货栈和附属建筑组成。办公楼为新文艺复兴风格，坐东面西，建筑面积550平方米，双层砖混结构，平顶，平面呈长方形。2006年与烟台山近代建筑群一起被公布为全国重点文物保护单位。

图8-7 上图为士美洋行旧址、下图为士美洋行界石

德国万丰洋行

1922年德国商人尼戈曼在烟台成立万丰洋行。在其初创阶段业务范围仅仅是经营发网和花边,但在开始经营大花生业务后走上了公司发展的正常轨道。万丰洋行被认为是烟台最大的大花生出口商,在世界各国都拥有口碑,特别是在加拿大,万丰洋行烟台大花生的销量非常可观。1923年,位于大马路的宽敞气派的万丰洋行总部大楼建成,标志着万丰洋行蒸蒸日上的发展形势。除了花生业务,万丰洋行同时经营发网、花边、刺绣及猪肠衣出口业务,此外还代理一些知名船运公司的业务。随着花生出口业务的增加,万丰洋行在威海设立了一家分公司拓展当地市场,1931年还在大连设立了分公司。1945年8月

图8-8 万丰洋行(历史照片)

万丰洋行倒闭,政府利用其建筑成立了烟台外贸土产杂品公司。1998—2002年城市改造时拆除。

原有建筑位于大马路西段,建成于1923年,新文艺复兴风格,坐南面北,四面坡红瓦屋顶,平面呈方形,带地下室的三层砖混结构,建筑面积4500平方米。

德国盎斯洋行

1877年德国西普鲁士商人奥托·盎斯与哈根共同出资在烟台创办了烟台缫丝局,是山东第一家部分实现了机械化的近代企业。1880年在现址以永久租赁的方式购买土地8亩、平房45间作为厂址。1886年缫丝局转让给中国政府后,盎斯利用转让金成立了盎斯洋行。盎斯洋行早期主要经营花边、刺绣等手工艺品及棉花、花生等土特产品的出口,兼营航运和保险业务。盎斯洋行还是烟台第一家经营进口西药和医疗器械的公司,20世纪30年代几乎垄断了烟台的西药及医疗器械市场,成为毓璜顶医院、法国医院和各大西药房的批发商,烟台第一台X光机也是由盎斯洋行引进法国医院的。盎斯洋行是烟台第一家将大花生出口到欧洲的企业。1918年11月德国作为战败国,盎斯洋行被中国政府短暂接管。1935—1945年,曾作为德国纳粹驻烟台领事馆馆址。1941年11月太平洋战争爆发后,盎斯洋行积极配合日本政府侵华受到日伪保护从而实现了商业的极大发展,在芝罘屯建有占地40余亩的仓库,购有果园、菜园及粮田400余亩,在通伸村有占地35亩的仓库,在芝罘岛建有露天货场及仓库。1948年10月盎斯洋行关闭,营业楼

作为公产租赁给烟台市五金交电公司使用。

现有建筑位于芝罘区向阳街道办事处朝阳街52号，原来由营业楼、办公楼和仓库组成，总建筑面积2500平方米。现除营业楼外其余建筑均已被拆毁，营业楼，坐东面西，二层砖木结构楼房，四面坡青瓦屋庑殿式屋顶带阁楼，平面呈方形，建筑面积800平方米。2004年被公布为市级文物保护单位。

图8-9　盎斯洋行旧址

德国哈利洋行

1861年德国人西塔斯在烟台创办了西塔斯商行，又称作哈利洋行、西塔斯洋行和沙泰洋行。最初规模很小，主要以进口洋货为主，还与英国和记洋行共同经营芝罘水船公司。哈利洋行是第一家印刷烟台风光明信片的机构，这些反映城镇风貌、

第八章
各国在烟台开办的洋行

建筑、人文及风景题材的明信片，为我们研究近代烟台历史提供了重要的实物资料。1894—1900年，哈利洋行发行了山东第一份报纸——*Chefoo Express*，可翻译为《芝罘邮报》或《芝罘差报》，之后转让给了仁德洋行。1904年这份报纸由美国人牟克代尔德接办，并得到俄国的资金支持，因内容涉及反日因素，在日本领事馆的压力下停办。1898年哈利洋行的合伙人海因里希·博拉姆拜克在青岛成立了分公司，之后又在旅顺和海参崴设立分公司。1915年哈利洋行在烟台的经营项目全部迁往青岛，烟台哈利洋行关闭。

哈利洋行位于海岸街东段，建筑今已不存，原有建筑为单层石木结构，四面坡红瓦屋顶，平面呈长方形，坐南面北，大门两侧写有"哈利洋行"字样，大门上方写有"H.Sietas.& Co."英文字样。

图8-10 道路右侧白色建筑为哈利洋行（历史照片）

德国道孚洋行

1929年德国人卡尔·道、冯·华敦、柯鲁格和罗奇德等四人联合在烟台成立了道孚洋行。这四人都曾经在中国生产经营发网生意,道孚洋行除了经营发网外,还代理世界知名保险公司的保险业务和船运公司的船运业务。道孚洋行在济南设立了一家分公司,在内地也陆续设立了一些办事处,这些机构主要负责制造发网和花边。建筑今已不存。

德国德茂洋行

卡尔·史密茨是德国科隆人,1902年来烟台调查野生丝茧市场,1903年在青岛中德合资的德华缫丝工业公司工作,后在烟台从事丝绸出口,1912年在德国捷成洋行烟台分公司工作,1914年日德战争期间参加抗击日军占领青岛的军事行动,被日军俘虏关押在日本坂东战俘营,1919年12月被释放回国。1920年9月史密茨再次来到烟台,任泰茂洋行雇佣经理,1925年担任德国鲁昌洋行烟台经理,后改组为德茂洋行,主要经营进出口、火灾保险和人身保险。另据美国解密德国档案,史密茨还有一个身份——德国情报人员,早在一战期间他就在烟台从事情报收集工作,1940年成为纳粹德国情报机关在烟台的负责人。史密茨非常重视实地调查,他定居烟台期间花费了大量时间考察哈尔滨、上海、重庆等城市的状况,也曾游历整个东北,到了中朝边境,这些活动或许和他的间谍身份有一定的关系。

第八章
各国在烟台开办的洋行

卡尔·史密茨在烟台山建有自己的住宅，位于芝罘区向阳街道办事处烟台山西路 15 号，建筑为北欧城堡风格，坐西面东，建筑面积 350 平方米，主体为两层砖石结构，东北角为三层，带有地下室。

图 8-11 史密茨住宅旧址

德国烟台废丝打包公司

在烟台有大大小小数百家缫丝厂，这也使得烟台成为当时中国最大的废丝（不合格的真丝）产生中心。1925 年德国商人卡尔·史密茨在烟台成立了一家专门制造废丝打包的公司——烟台废丝打包公司，将真丝及废丝进行打包出口，二次加工成成品后销售。一开始国外对这种产品的需求并不多，但随着羊毛价格的上涨，用真丝废丝混合羊毛制作的布料利润可观且需求量大增，这就使得烟台的真丝废丝逐渐变得抢手，这家公司

的成立有力推动了烟台的废丝出口及再利用。建筑今已不存。

美国美孚洋行

1899年美国加利福尼亚美孚石油公司在烟台成立烟台美孚洋行，由美国人兰牧任经理，主要向胶东地区及东北地区销售石油制品。此前美孚公司在烟台的业务一直由其他洋行代理，如从1886年开始，庆昌洋行就已经在烟台销售美孚的产品；1894年德国礼和洋行也被美孚授权作为烟台的代理商；1899年烟台美孚洋行成立后，礼和洋行仍然代理美孚公司的船运业务。1902年美孚洋行在烟台芝罘岛东口村建起了占地30亩的3座储油库，最大储存量为30万箱，并在当地建有一处专用的小码头供油轮停泊，由1名美籍管理人员同时雇用5名印度人和8名华人进行管理。建立这个储油中心的目标是向整个胶东、东北甚至天津提供产品。1902年8月，烟台美孚洋行在当地政府登莱青道署及美国领事馆进行了双重备案登记，还代理船运业务，并自购有小火轮一艘、牵引汽艇三艘、帆船一艘。20世纪初，美孚洋行牢牢占领着烟台的石油制品垄断地位。从1904年开始，美孚洋行开始从事华工输出业务，这些华工多被采用诱骗的形式送往南非从事矿业开采工作，这一年曾发生了4000名劳工在赴南非不成中途返回烟台，与美孚洋行员工和登莱青道署警察发生激烈冲突的事件。据不完整统计，1904—1941年，仅仅从芝罘岛东口村小码头出发的华人劳工就达到了3.5万人。20世纪初兰牧在济南开设了烟台美孚洋行的分行，在辽宁安东（今丹东）和大连设立了储油仓库。随着业务范围的拓展，芝

第八章
各国在烟台开办的洋行

芝罘岛的油库已不能满足需要，1908年又在威海新建了美孚的油库。1914年兰牧被总部调往上海担任美孚石油公司驻中国公司总经理，自此烟台美孚洋行业务开始由华人经理负责。1941年12月太平洋战争爆发后，日军查封了美孚洋行，并由日本三井洋行接手该公司。1945年8月美孚洋行恢复营业，1948年10月美孚洋行被烟台市人民政府接管，美孚洋行房产由烟台市水产养殖公司管理使用，芝罘岛东口储油库交由部队管理。

现有建筑位于芝罘区向阳街道办事处海岸街31号，中西合璧风格，坐北面南，四面坡青瓦庑殿式屋顶，单层砖木结构，建筑面积500平方米，平面呈正方形，设有开放式外廊。2006年与烟台山近代建筑群一起被公布为全国重点文物保护单位。

图8-12 美孚洋行旧址

美国远东洋行

美国远东洋行的总部设在纽约，1920年在烟台成立分公司——烟台远东洋行，由犹太人斯特劳瑟先生担任经理。最初公司只是单一地经营发网（妇女用来罩长发的一种网子）。罗斯奇尔德在20世纪20年代后期被总公司派到了烟台公司，这时期远东洋行还掌握了头发脱色技术，这使得他们的产品非常畅销，在所有经营发网的公司中最为出色。在他的经营下，远东洋行烟台分公司发展成为烟台乃至山东经营出口手工制品的商业巨擘。从1925年开始，由于中国女性逐渐走向开放，并开始流行短发、烫发，发网的需求量也逐步降低，因此烟台远东洋行也及时调整了经营范围，开始生产刺绣、手帕、花边、草辫、木制品和帆布等手工制品。这些产品多在烟台一带生产，加工业务遍及广大农村，产品出口外销带动了烟台周边手工业的发展。如烟台丝绸商李见之见逐日兴起的网扣出口获利颇多，便与美商远东洋行形成协议，运用包货方式在昌邑县设立了远东分庄，在当地农村放货，开辟网扣生产。1930年，远东洋行到昌邑县开办绣花工厂，生产麻纱、绣花手巾等，带动当地网扣、绣花业的发展。到1933年，昌邑网扣、绣花加工厂发展到30多家，产品经烟台、青岛远销英美等国。据罗斯奇尔德回忆，高峰时期，胶东及其周边地区有20万名女工为远东洋行工作。

1938年2月3日日军占领烟台后对物资、金融等方面实行全面控制，这大大压缩了洋行在烟台的经营空间，远东洋行在

第八章 各国在烟台开办的洋行

烟台的生意也日渐艰难。1941年7月，日本军队就冻结了烟台远东洋行的资产，停止了洋行的业务。罗斯奇尔德管理的烟台手工工厂几乎全部关闭，致使胶东一带为远东洋行工作的女工及其家庭失去生活来源。1941年12月珍珠港事件后，太平洋战争爆发，作为美资的远东洋行被彻底关闭。

图8-13 远东洋行烟台分公司职员合影

美国得克萨斯烟台分公司

美国得克萨斯公司是世界三大石油公司之一，1901年创办于美国得克萨斯州，原名得克萨斯燃油公司，1902年更命名为得克萨斯公司，总部迁往纽约。得克萨斯在中国的总部设在上海，1927年随着得克萨斯公司生产的煤油进入烟台市场，上海总部派青岛分公司的迪屏在烟台设立烟台分公司。公司在烟台的业务发展很快，成立不久在汽油和润滑油方面的销量就很可观，特别是20世纪20年代，烟台正式成为美国亚洲舰队的消夏基地，每年抵达烟台港的美海军军舰都有数十艘次，在烟台

/ 183 /

消夏的海军官兵也有每年近 20 万人次，这些都极大地刺激了同为美国公司的得克萨斯烟台分公司业务的发展。

希腊永兴洋行

1898 年老帕拉迪西斯从土耳其来到烟台，1900 年将六个孩子接到烟台一起生活。1911 年其子亚历山大·帕拉迪西斯在烟台海关街创办了一家洋行——帕拉迪西斯洋行，最初业务规模较小，主要经营发网出口。1919 年亚历山大·帕拉迪西斯和弟弟乔治·帕拉迪西斯对公司进行了改组，在法国注册成立帕拉迪西斯兄弟公司，在烟台称永兴洋行，办公地址位于海关街。永兴洋行主要出口柞蚕丝绸、发网和花边，在烟台的出口贸易中占有很大比重，在烟台同时拥有一家信托投资公司，从事保险、房地产和银行业务。亚历山大·帕拉迪西斯在经营洋行的同时热心公益事业，频繁在《芝罘日报》上发表文章，呼吁社会关注福利公益事业，并多次进行捐款。太平洋战争爆发后，洋行被日军查封，1945 年 8 月亚历山大·帕拉迪西斯一家离开烟台。

如今烟台还保留着帕拉迪西斯故居，位于芝罘区东海大院 223 号海军航空大学院内。地中海风格建筑，坐北面南，多棱坡红瓦屋顶带阁楼，两层砖混结构，平面呈"凸"字形，建筑面积 500 平方米。2004 年被公布为市级文物保护单位。

第八章
各国在烟台开办的洋行

图 8-14 永兴洋行旧址

图 8-15 帕拉迪西斯住宅旧址

希腊岩诺拉特(中国)公司

岩诺拉特 1889 年出生于希腊克法利尼亚岛,是当地三家重要公司的执行总裁。1905 年来到中国,1910 年来到烟台,组织成立了中国柞蚕丝绸商贸联合会。后来又以自己的名字注册成立了岩诺拉特(中国)公司,并一直由自己担任总经理。公司最初经营丝绸销售、一般货物进口、航运和保险代理,后经岩诺拉特争取,公司获得了在希腊马其顿地区勘查油田的资格,同时也成为一些希腊著名航运公司在远东(东亚)的代理商。为了适应公司业务快速增长的需求,岩诺拉特(中国)公司分别在大连和日本神户成立了分公司。1932 年又与原上海法租界公董局董事会最高长官勒布里斯联合在上海和巴黎成立了勒布里斯进出口公司,由岩诺拉特担任中国方面的执行董事。鉴于岩诺拉特在两国交往及经济上的贡献,希腊政府在 1932 年 7 月对他进行嘉奖,并任命他为希腊政府驻上海代理(荣誉)理事。公司所在地址不详,建筑今已不存。

法国朋诺洋行

1922 年法国人路易斯·朋诺在烟台创办了朋诺洋行,也是烟台唯一一家法国洋行,主要经营柞蚕丝绸、生丝、真丝废丝、草辫等产品的出口。同时也从菲律宾等国进口金丝草(草辫原料),利用设在内地的较大规模的草辫加工厂进行加工,再出口到英国、法国和美国。洋行位置不详,建筑今已不存。

第八章 各国在烟台开办的洋行

第二节　洋人把持的通信、金融事业

开埠后烟台的通信业几乎被列强垄断，如邮政、电报、电话等业务，但也促成了烟台这些行业几乎与北京、上海、天津等城市同时起步，而且发展迅速的局面。1866年东海关就已经设有邮务办事处，1878年成为全国五个（北京、天津、上海、牛庄、烟台）最早设立邮局的城市之一。1881年烟台已有陆上电报线路，中国电报总局在烟台建德街设有烟台分局。1900年丹麦大北电报公司和英国大东电报公司在烟台设立，烟台拥有了多条水下线路。1901年，烟台成为我国北方港口城市中敷设水下通信线路最多的城市。

英大东电报公司

1870年英国东方电报公司敷设了英国与印度之间的海底通信电缆，并成立了大东电报公司，负责亚洲通信业务。1900年义和团运动期间，南北通信线路遭到破坏，大东电报公司借机敷设了上海至烟台的海底通信线路，并在烟台设立英国大东电报公司烟台分公司。1934年5月，上海—烟台—天津的海底电报线路工程借款全部偿还，国民党政府委派驻烟台工程师王柏年为接收委员，将英国大东电报公司和丹麦大北电报公司的电报收发业务移交给烟台电报局。1938年2月日军占领烟台，在此成立华北电报电话股份有限公司芝罘电报电话局。20世纪80年代，该建筑曾作为烟台市邮政局库房，1998—2002年城

开埠与烟台

市改造时拆除。

原有建筑位于海岸路中段路南，主办公楼建于1910年，新文艺复兴风格，坐南面北，双层砖混结构，四面坡红瓦屋顶带有阁楼，正面呈正方形，建筑面积2000平方米，一楼设有开放式外廊。

图8-16 大东电报公司（历史照片）

大北电报公司

1910年丹麦、挪威、英国、俄国联合在烟台设立了大北电报公司，并借款给清政府敷设了上海—烟台、烟台—大沽的水下通信光缆，经营电报接发业务。1934

图8-17 大北电报公司绘制的电缆图示

年5月借款还清后，三国将公司业务移交烟台电报局。

原有建筑位于海岸路，今已拆毁。原建筑为二层砖混结构楼房，四面坡青瓦屋顶，带阁楼，建筑面积2000平方米。

英国邮局

1903年3月18日，英国租用法国邮局东侧的英国西葛洋行海军供应品商店设立了英国邮局。由盛记洋行经理弗雷德里克·柯蒂斯兼任负责人。1922年因太平洋会议通过了中国议案，撤销所在中国设立的外国邮局，11月22日，英国邮局关闭。1930年该建筑被日本松屋洋行租用销售衬衫和睡衣，以及经营丝绸、日本杂货业务。同时为了满足隔壁美国海军基督教青年会组织的美军度假消费需求，还代理上海香龙公司香烟。20世纪80年代建筑曾作为烟台海洋渔业公司渔轮造船厂用房。

现有建筑位于海关街，新文艺复兴风格，坐西面东，两面坡红瓦硬山屋顶，双层砖木结构，平面呈方形，建筑面积750平方米。

图8-18 英国邮局旧址

俄国邮局（克利顿饭店）

1896年3月20日，俄国未经清政府批准私自在烟台设立邮局，全称为烟台俄国书信馆。1903年更名为大俄国书信馆电报局，原址不详。1904年俄国邮局迁到朝阳街北首路西的克利顿饭店。1920年9月23日，苏联政府宣布放弃在华权益，俄国邮局关闭。1896—1920年，俄国邮局的管理者始终是魏格拉斯。

俄国邮局究竟是哪一年改为克利顿饭店的，目前不可考证，但是可以肯定的是1904—1920年这栋建筑一直是作为俄国邮局使用的。能看到"克利顿饭店"信息的出现最早是在20世纪30年代的明信片中，但是后来1940年6月15日《鲁东日报》刊登的《旧俄国领事馆及书信馆两处房产事件清理——撤销各管业人税契登记》文章仍将这处建筑称为旧俄国书信馆，在1942年5月6日《鲁东日报》刊登的《赴省选手载誉归来耿市长设宴犒劳》一文就明确提到了宴请运动员的酒店是克利顿饭店。由此可以确定大约在20世纪二三十年代俄国邮局被用作了克利顿饭店，主要经营餐厅和客房业务，服务于美国亚细亚舰队来烟台消夏的水兵，经营者应为姜承科，但房产管理者为张伯东。1945年冬停止对外营业。

现有建筑位于芝罘区向阳街道办事处朝阳街44号（朝阳街和海岸街交会处），俄罗斯风格，四面坡红瓦屋顶带阁楼，双层砖木结构，平面呈方形，正门上方设有战盔式金属屋顶。1996年被公布为市级文物保护单位，2006年与烟台山近代建筑群一起被公布为全国重点文物保护单位。

第八章
各国在烟台开办的洋行

图 8-19　俄国邮局旧址

德国邮局

1893年7月驻烟台的德国人成立了烟台商埠邮政委员会，颁布《烟台埠际邮局章程》，设立德国烟台商埠邮局，简称德国邮局。同年10月6日发行邮票，是烟台外国客邮中唯一发行邮票的邮局。德国邮局兼收烟台—青岛和烟台—上海的电报，在邮局内设立了烟台第一家电话

图 8-20　德国邮局旧址

/ 191 /

公司。1917年4月停业。

现有建筑位于芝罘区向阳街道办事处海岸街18号,德国罗曼式风格,建筑面积500平方米,双层砖石结构,四面坡青瓦屋顶带有阁楼,门上方曾有德国邮政局德文标志。

法国邮局

1898年11月,法国在丹麦大北电报公司旧址设立了邮局,直属法国邮政总局,之后搬迁至位于海岸街中段。1922年12月31日关闭。其间法国邮局的管理者一直是法国人普热。

现有建筑位于海岸街中段路南,坐南面北,欧美新古典主义风格,四面坡铁皮屋顶带阁楼,双层砖木结构,平面呈方形,建筑面积450平方米。

图8-21 法国邮局旧址

日本邮局

1877年日本在烟台开设邮局,称芝罘日本邮局,位于朝阳街和海岸街交汇处东北,与美孚洋行、顺昌商行和俄国邮局互

第八章
各国在烟台开办的洋行

为犄角，1904年新设立的烟台横滨正金银行也曾在此一起办公。建筑今已不存。原有建筑位于海岸街中段路北，始建年代不详，中西合璧风格，面向西南，四面坡青瓦屋顶，双层砖石结构，平面呈"L"形，建筑面积1350平方米。

图8-22　日本邮局（历史照片）

日本横滨正金银行

日本正金银行的前身是东京银行。1904年6月日俄战争期间，正金银行在烟台海岸街中段路北设立营业所，成为该银行在中国关内的第六家分支机构，1909年撤销。1938年7月日军占领烟台后，在海关街建立营业所，隶属于天津支行，小勇安担任行长。这一时期该行主要服务于日军的侵华战争，大力推动日本货币在烟台的流通，试图控制烟台金融市场，并强行从交通银行烟台分行接管港口税收。1945年8月抗日战争胜利后撤销。

正金银行烟台营业所前后有两处建筑，第一处位于烟台山下海岸街与朝阳街交汇处东北侧，与日本邮局为同一建筑，今已不存。第二处建筑位于海关街中段路东，建于20世纪30年代，欧美现代简约风格，坐东面西，四面坡青瓦屋顶，三层钢筋混凝土结构，平面呈正方形，建筑面积540平方米。

图8-23　日本横滨正金银行旧址

第三节　其他产业

除了以上行业外，外商还在烟台兴办了许多服务行业，主要有俱乐部、酒吧、咖啡厅、舞厅、饭店、妓院等，服务于外国侨民。

芝罘俱乐部

1865年英国商人——和记洋行老板康纳德通过个人募捐，建起了芝罘俱乐部，又称烟台外国公会俱乐部。最初规模较

第八章
各国在烟台开办的洋行

小,只有数间平房,包括台球室两间,纸牌室、酒吧、阅览室、图书馆各一间,专门为旅居烟台的外国人提供休闲娱乐、商谈议事服务。1867年在此设立外国总会(也称外国商会),是烟台外国商贸机构联合发起成立的社团组织,先后由英国人恩克弗尔德、罗拔·马茂兰任主席,外国商会主要服务于各国在烟台设立的洋行,也负责烟台第一区(烟台山周边朝阳街北首海岸街、海关街一带)城市道路与卫生等市政建设,同时还负责烟台港挡浪坝工程建设。1870年在地下室建起了保龄球馆,而且历次的拆除、重建都完整保留了这座保龄球馆,这也是亚洲最早的一座保龄球馆。芝罘俱乐部后来逐渐发展成一处股份制会所,威雅森担任秘书长,格雷博担任首席财务官。随着会员人数的不断增加,1887年拆除原有建筑在原址建起了一座带有蓝色屋顶的二层楼房,1906年又进行过扩建,1913年与南侧毗邻的滨海饭店两栋建筑中北侧的一栋进行了合建。1931年经葡萄山教会的卜尔耐特牧师设计,拆除了原有建筑,扩大规模由烟台建筑商"德成营造厂"负责,建起了现今保留的芝罘俱乐部。1938年11月3日,日军在芝罘俱乐部设立东亚俱乐部,1941年12月后完全占为己有。1945年8月抗日战争胜利后,胶东行政公署在这里成立烟台外事特派员办公厅,负责处理胶东解放区涉外事务。1947年2月联合国善后救济总署驻石臼港办事处迁来烟台,短暂在此办公,称为联合国善后救济总署驻烟台办事处。1948年10月这里又成为烟台市政府交际科礼堂。1955年5月政协烟台第一届委员会第一次会议在这里举行。1980年作为烟台山宾馆的一部分。2016年改为胶

开埠与烟台

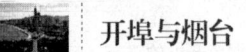

东革命纪念馆。

芝罘俱乐部建成后承担了许多烟台开埠后的大事,见证了烟台的近代史。例如1895年5月8日《马关条约》换约仪式在这里举行;1921年9月14日东海关在此举行"海坝工程落成典礼";1945年10月"阻止美军登陆"谈判在这里举行;1947年6月16日,"杨禄奎事件"临时法庭对史鲁域琪的公审在这里举行。

现有建筑位于芝罘区向阳街道办事处海岸街34号,由烟台德成营造厂建造,欧洲复合式风格,坐西面东,三层砖石结

图8-24 上图为19世纪90年代的芝罘俱乐部(右侧第二栋建筑),左下为20世纪30年代的芝罘俱乐部,右下为室内地下保龄球馆

构,平面呈"凸"字形,建筑面积3100平方米。一层为舞厅、舞台(现用作报告厅、观影厅),还有多个娱乐活动室如康乐球室、游艺室、休息室等;二层为客房,设有8个房间,东侧靠海设有开放式凉台;三层较小,设有12个房间;地下一层为保龄球场。据有关资料显示:一楼南侧墙上嵌有长75厘米、宽40厘米志石一块,上以英文刻有"芝罘俱乐部 1865年建造,1906年和1913年扩建,1931年重建"等字样。但志石今已不存。1987年被公布为市级文物保护单位,1992年被公布为省级文物保护单位,2006年与烟台山近代建筑群一起被公布为全国重点文物保护单位。

海滨饭店

海滨饭店又叫海滨旅馆,位于海岸街东首,由两栋建筑组成,一栋建筑在路南,另一栋建筑在路北。路北建筑紧靠芝罘俱乐部,始建年代不详,应为英国人开设的傅利饭店,南侧的建筑在1876年之前就已存在。最初饭店经营者是德国人舒特,1886年改由德国人布辛多夫经营,1900年与其北侧的傅利饭店合并经营。1906年海滨饭店经营者变更为盛记洋行老板——英国人弗雷德里克·柯蒂斯。滨海饭店两栋建筑均为二层楼房,平面呈长方形,路南一栋坐南面北,路北一栋坐西面东,两栋建筑屋面上均涂有"hotel"字样。1913年路北一栋建筑并入芝罘俱乐部与芝罘俱乐部合建。此外海滨饭店还在朝阳街与建德街交汇处经营一家纯正食品公司,合伙人是特伦德尔、沃金和王元德。1931年饭店建筑拆除。

开埠与烟台

图 8-25 海滨饭店，两栋建筑之间道路为海岸街（历史照片）

卡萨诺瓦酒吧

卡萨诺瓦酒吧位于东太平街北首，距离意大利领事馆不远，推测应为意大利人修建的酒吧，建于1920年。贾科莫·卡萨诺瓦生于1725年4月2日，卒于1798年6月4日，意大利威尼斯人，是一位极富传奇色彩的意大利冒险家、作家，一生被冠以"追寻女色的风流才子"，号称18世纪享誉欧洲的大情圣。后人将"卡萨诺瓦"看作风流浪子的代名词。因此卡萨诺瓦酒吧又叫浪子酒吧，主要服务于烟台山周围外国侨民，特别是美国亚细亚舰队来烟台消夏的水兵。根据20世纪30年代老照片，酒吧门前所挂的"MODERN PHARMACY IS HERE"广告牌判断，这里还曾作为现代药房使用。1941年太平洋战争爆发后倒闭，现为蓝白快餐厅。

建筑位于芝罘区东太平街北头，新文艺复兴风格，坐南面

第八章
各国在烟台开办的洋行

北,四面坡红瓦屋顶带阁楼,平面布局呈北窄南宽的梯形,狭长窗户、圆拱形门,大门正上方有五星标志,建筑面积1000平方米。

图 8-26 卡萨诺瓦酒吧(历史照片)

阿斯托饭店(利顺德饭店)

阿斯托饭店又叫法国饭店,中文名字利顺德饭店,是1863年法国人在烟台开办的一家饭店,与天津利顺德饭店同为上海礼查饭店的连锁机构,主要为外国侨民提供住宿和餐饮服务。饭店位于安德鲁教堂东侧(今烟台美术博物馆附近),面向大海,拥有观赏海景的极佳位置,特别适宜于来海边度假的人居住。烟台利顺德饭店的经营者为法国人派瑞,同时代理英国麦克葛雷戈正广和有限公司和上海正广和汽水销售业务。利顺德饭店拥有24间设施完备带有独立洗澡间的客房,在当时来讲

开埠与烟台

是非常现代化的，同时还在东太平街北段经营着一家阿斯托酒吧。1941年12月后，日军曾将芝罘学校校长皮特·布鲁斯、仁德洋行经理罗拔·马茂兰等教育界、商界知名人士关押在利顺德饭店，被囚禁者的家属每天都相约默默地从饭店门前经过为他们祈祷。20世纪六七十年代建筑被拆除。原有建筑位于解放路入海口处，分东、西两座楼房，分别为早期英国亚洲殖民地风格和欧洲古典主义风格，坐南面北，双层砖木结构，平面呈方形，四面坡红瓦屋顶，设开放式外廊，建筑面积1200平方米，建筑西立面写有"Astor House Hotel"英文字样。

图8-27　阿斯托饭店（历史照片）

犹太饭店

这是一家犹太人开设的饭店，同时在烟台和上海都开设分店，全名为"犹太标准饭店"，中文名为"求四饭店"，也称"德大蕙记西菜馆",主营西餐,与法国利顺德饭店(阿斯托饭店)同为当时最有名气的西餐馆和旅馆。犹太饭店一楼为餐厅,二楼为客房,主要服务对象是外国人,特别是来烟台度假的美国亚细亚舰队官兵。

原有建筑位于海岸路与解放路交会处,1998—2002年因城市改造拆除。欧美新古典主义风格,双层砖石结构,四面坡青瓦屋顶,平面呈长方形,建筑面积550平方米,一楼大门两侧分别书写"欧美西菜"和"求四饭店"字样,上方写"JEWS"字样,二楼门两侧写有"JEW.S"英文字样。西南墙上写有"犹太标准饭店"英文字样。

图8-28 犹太饭店(历史照片)

烟台博物院

1875年美国基督教长老会牧师郭显德开始在烟台筹建烟台博物院,1876年郭显德在旅烟广东富商李载之的资助下,花

5200银圆在三马路附近云龙街和市府街之间购得一处房产,创办"福音堂博物院",又叫烟台博物院。博物院共有平房27间、楼房10间,共四进房屋。第一进为讲道室,观众须先听牧师布道再入内参观;第二进为矿物、海洋生物展厅,陈列出自太平洋的各种珊瑚、各类海洋生物、植物及矿物标本;第三进为鸟兽及植物标本室,展出标本有虎、狮、猿、双头怪牛、蟒蛇、人类怪胎等;第四进为物理、化学仪器及各种图书陈列室。展陈面积约400平方米,免费对外开放,出口处还设有旋轴计数器统计观众人数,1928年观众为44274人次。到1937年,累计参观者达到300多万人次。1941年被日军接管关闭,1945年恢复开放。1947年秋,国民党占领烟台后,改为万国救济会办事处。1948年秋,改为人民文化宫,后来文化宫迁走,建筑改为民宅,少数展品辗转被烟台市博物馆收藏。建筑今已不存。

原有建筑位于芝罘区市府街东段路南,坐南面北,二层楼房,三进院落,中西合璧风格,占地3亩,建筑面积600平方米。

德国夜总会

建筑具体建设年代不详,是德国人修建的为德国侨民提供集会、商务洽谈、休闲娱乐的一栋综合建筑。现有建筑位于烟台山南坡,坐北面南,北欧古典主义风格,多棱坡红瓦屋顶,平面呈正方形,带地下室的二层砖木结构房屋,建筑面积1300平方米,被称作"德式楼",现辟为胶东革命史陈列馆。2006年与烟台山近代建筑群一起被公布为全国重点文物保护单位。

第八章
各国在烟台开办的洋行

图 8-29 德国夜总会（德式楼）旧址

图 8-30 德式楼

第九章 民族工商业的兴起

在资本主义生产方式的刺激下，在巨大的国外势力压榨下，烟台有识之士大举兴办民族工商业，并在不利的竞争环境中艰难生存、壮大，他们不甘任人宰割的局面，不甘国弱民贫的现状，积极创办商行、工业和其他产业，在同国外企业的竞争中逐渐崛起。

第一节 崛起的民族工业

随着贸易的兴起，烟台呈现出一派经济繁荣的景象，越来越多的中外人口聚集于此。国人中一些有识之士如张弼士、李东山、王益斋等，开始筹划民族工业的布局，这些民族工业主要围绕轻工业机械和食品、酒类加工制造业开展，也奠定了日后烟台轻工业发展的基础。一些工业甚至在当时处于国际领先地位，如张裕葡萄酿酒公司、德顺兴造钟厂、程明造锁厂、东亚罐头公司等。

张裕葡萄酿酒公司

1892年广东大埔人张弼士投资300万银圆在烟台创办了张

第九章
民族工商业的兴起

裕葡萄酿酒公司,这是我国第一家葡萄酿酒企业。1902年公司雇用了来自奥地利的酿酒师巴宝,之后在他指导下面积庞大的车间和地下酒窖很快建造起来,并安装了酿酒必需的设备,如压榨机、电动绞葡萄机、发酵桶、蒸馏杀菌机、洗瓶电力推动机等,这些设备全部从奥地利、意大利、捷克斯洛伐克、法国和德国进口。同时为保障原料的供给,张裕公司先后从法国、德国和意大利等国引进了雷司令、贵人香、琼瑶浆、李将军、玛瑙红、解百纳、克里容等葡萄苗25万株,在烟台东山和南山购地1000余亩进行种植,开辟了两座专属的葡萄园。张裕公司初期的产品为骊珠、夜光杯、正甜红、红玫瑰香、醉诗仙、玛瑙红、樱甜红、琼瑶液、益寿浆、白玫瑰香、白兰地、大宛香、贵人香、佐谈经等14个品种。

辛亥革命前夕,张弼士曾资助孙中山先生数十万两白银用于革命。1912年8月20日,孙中山北上与袁世凯谈判时途经烟台,专程参观张裕公司,并为公司题写"品重醴泉"四个大字。1914年1月24日,张裕公司在国民政府工商部正式注册为有限公司,注册商标为"双麒麟",并正式生产投向国外市场。张裕公司旗下自建有玻璃厂生产专用酒瓶。1915年张弼士率团参加在美国旧金山举办的巴拿马万国博览会,旗下产品白兰地、红玫瑰葡萄酒、琼瑶浆和雷司令白葡萄酒一举荣获金奖。

1916年9月12日张弼士先生在印度尼西亚因病离世,此后到1929年公司负债达30余万元。1934年7月因负债过多被迫抵押给中国银行烟台支行,并由烟台支行经理徐望之出任张裕公司经理。1938年徐望之调离烟台,由支行经理彭黍继续担

开埠与烟台

任张裕公司经理一职。1938年2月日军占领烟台后强行接管公司实行军事管制,到1948年10月,张裕公司只有5名职工。新中国成立后在政府的扶持下,张裕葡萄酿酒公司不断发展壮大,1952年生产的金奖白兰地、烟台红葡萄酒、烟台味美思在全国第一届名酒评比会上被评为国家名酒。

现保留有地下酒窖、公司大门和办公楼等历史建筑。地下酒窖建筑面积2000平方米,内设8个小窖,全为石条砌筑的拱券结构,能储藏1000多只酒桶,其中最大的酒桶可容纳16000升葡萄酒,窖内常年保持13摄氏度左右的恒温,利于葡萄酒储藏和发酵,至今仍在使用中。大门为西式叠柱圆拱形大门,上书"张裕酿酒公司"题刻,由翁同龢为张裕公司亲笔题写。2013年被公布为全国重点文物保护单位。

图9-1 张裕公司大门、张裕公司地下酒窖、孙中山给张裕公司的题词(现存烟台市博物馆)

醴泉啤酒厂（烟台啤酒厂）

1920年荣成人王益斋、李介臣等人看中了在烟台居住的外国人较多，从而有一定的啤酒市场这一商机，在上夼村村西投资30万墨西哥银圆创办了醴泉啤酒厂，也是全国范围内由中国人自己创办的第二家啤酒厂（第一家为北京双合盛啤酒，即五星啤酒的前身）。醴泉啤酒厂初创时仅有职员40余人，王益斋任总经理，李介臣任工厂总执事，购买了啤酒制造设备两台、汽水制造设备两台、制冰机三台、锅炉三台。从德国、捷克斯洛伐克、荷兰等国进口啤酒花，从东北绥芬河一带购进大麦原料。1921年生产"双鸟"啤酒46吨、汽水6万瓶及大量冰块（主要用于冷藏鱼类、给啤酒降温，同时也作为"冰糕"销售），销售情况良好，一度远销上海、武汉、青岛，甚至东南亚各地。1930年受进口啤酒的冲击，醴泉啤酒厂开始出现亏损，王益斋筹措20万元资金对酒厂进行了改组，成立烟台醴泉啤酒股份有限公司，并在青岛、上海建立代售处。1934年由于上海销售公司倒闭，醴泉啤酒公司再次亏损，最终在1935年2月被中国银行烟台分行接管，徐望之聘请曾赴欧洲留学的上海啤酒专家朱梅和瑞士啤酒酿造师菲斯奇担任技术骨干，酒厂状况日趋好转。1940年，王益斋重新筹得50万元资金，成立新的董事会，偿还了中国银行的欠款，重新将酒厂购回自主经营，并成功打入上海市场，一举打破了外国啤酒在上海的垄断局面，1944年年产啤酒934吨，达到高峰。

随着1944年王益斋离世，酒厂状况日下，到新中国成立前基本处于瘫痪状态。1952年参加公私合营，1957年7月改

名为"烟台醴泉酿酒公司"，1958年恢复生产啤酒，1966年改名为国营烟台啤酒厂，1971年1月改名为烟台啤酒厂。烟台啤酒在历史上曾经用过"三光""双鸟""斧头""双狮""飞鹰"等多种啤酒商标。

现有建筑位于芝罘区向阳街道办事处环山路100号烟台啤酒厂院内，仅保留了原来的办公楼，砖木结构二层，每层14间，平面呈长方形，现辟为烟台啤酒展厅。2011年被公布为市级文物保护单位。

图9-2 上图为醴泉啤酒厂全景（历史照片）、下图为酒厂内部（历史照片）

第九章 民族工商业的兴起

德顺兴造钟厂（宝时造钟厂、北极星钟表）

1892年威海商人李东山在烟台创办了德顺兴五金行，开始仅是一间杂货铺，不久便扩大经营范围，增加了洋货和五金部，1904年资本达到30000墨西哥银圆，制造铁桶、喇叭甚至化妆品。1912年李东山又开办了德顺兴的附属企业——瑞兴制伞厂，并开始经销德国和日本产的机械钟表和零部件。1913—1915年，李东山通过盎司洋行远赴德国学习钟表制造技术，并从德国采购了造钟的原料和设备。1915年回国后的李东山在烟台朝阳街创办了中国第一家造钟厂——宝时造钟厂，李东山任经理，唐志成任厂长兼技师。其间李东山还设立了同志玻璃厂和威新花炮厂，这两个工厂和造钟厂同属德顺兴的附属公司。此后李东山又多次赴日本考察钟表制造技术，1918年宝时造钟厂生产的第一批钟表问世，开创了中国钟表制造的新纪元。1928—1931年，造钟厂规模逐渐扩大，职工增加到500余人，年产座钟和挂钟5.5万台，成为中国钟表制造业名副其实的领头羊。1931年李东山将宝时造钟厂改名为德顺兴造钟厂，1934年新的厂址也在朝阳街落成。到1936年该厂生产的钟表数量超过了日本，远销世界各地，产品多次荣获国民政府实业部及北洋展览会特别奖励。从此之后，钟表制造业在烟台变得普及起来，成为这一地区的优势产业，德顺兴培养起来的熟练技工纷纷开始创办属于自己的造钟厂，一时间烟台拥有了多家造钟厂，其中以永康、永业、盛利、慈业四家最为出名。此外，部分技工流动到全国各地开设造钟厂，如天津北洋、青岛时辰、上海昌明、上海德安、上海时运等，这些都促进了中国近代钟

表业的兴起。1931年日本发动对我国东北的侵略，烟台钟表在东北的销售网络被破坏，但德顺兴的钟表依然在南方各省畅销，甚至远销到东南亚等国。1938年2月日军占领烟台，德顺兴造钟厂停产，1948年10月工厂复工，1956年公私合营，德顺兴、新德、永业等钟表厂合并为公私合营烟台钟表厂，1959年正式启用"北极星"商标。1964年收归国有，成立山东烟台钟表厂。1975年以此为基础成立了烟台木钟厂、烟台闹钟厂、烟台手表厂、烟台电子钟厂和烟台钟表模具厂。1987年改革成立北极星钟表集团有限公司。

现有工厂建筑位于芝罘区向阳街道办事处朝阳街75—77号，欧美现代简约风格，四合院天井布局，坐东面西，临街部分为四面坡红瓦屋顶，二层砖木结构，平面呈长方形，大门上方镶嵌有"德顺兴"字样的石匾一块。1987年被公布为市级文物保护单位。

图9-3 德顺兴造钟厂旧址

烟台发网公司

清代至民国期间，烟台发网业极为发达，一度成为烟台的支柱行业。中国的发网制造集中在山东，而山东的发网制造又集中在烟台。据统计，1927年在烟台存在专门销售头发原料的发庄就有113家，生产发网的工厂上百家，直接从业人员上万人，烟台当时甚至有"世界发网之都"的称号。烟台发网公司就是在20世纪20年代由外资兴建起来的专门经营花边和发网生产出口的商行。一开始公司从德国采购药水浸制的头发原料，待烟台发庄具备染制能力之后，改由本地发庄向烟台发网公司提供头发原料，公司组织附近县市乡镇妇女采用近似编织渔网的技术进行发网编织，交公司验收、处理、包装后销往法国、英国、美国和德国等欧美国家。

图9-4 烟台发网公司旧址

现有建筑位于广仁路22号，建于20世纪20年代，英国新古典主义风格，双层砖木结构，四面坡红瓦屋顶，平面呈正方形，设双层开放式外廊，建筑面积400平方米。2004年被公布为不可移动文物。

生明电灯股份有限公司

1913年烟台商人崔葆生、张润暄、王子雍、政记轮船总经理张本政及其余几个商号，联合投资10万银圆成立了烟台生明电灯股份有限公司，张润暄任总经理，王子雍任副总经理，日本人黑板纯担任主任工程师。公司建造和设备安装使用日本技术，有2台英国产的100千瓦汽原动机和2台6吨单体卧式锅炉，发电能力为12000千瓦，是烟台第一家正式供电企业。公司于1914年5月1日正式发电，首批中外商号和富户6928盏电灯同时亮起。1920年在广仁路和载之路交汇处建立了办公楼。1924年生明电灯股份有限公司开始输出工业用电，首批覆盖了28家企业，不久就实现了烟台城区24小时不间断供电。时任董事兼经理是崔葆生，总工程师是德国人鲍姆戛特纳。到了20世纪30年代，公司资本达60万墨西哥银圆，发电量可满足5000个用户的用电要求。1938年日军侵占烟台后，强迫生明电灯股份有限公司与日资合办，1943年成立华北电业股份有限公司，完全控制烟台电力行业。1945年8月抗日战争胜利后，收归国有并改名为烟台电力公司，1954年6月改为烟台发电厂，1957年电厂搬迁至只楚路，是烟台发电厂的前身。

原有办公大楼位于芝罘区东山街道办事处广仁路21号，

新文艺复兴风格，双层砖混结构，坐东面西，四面坡屋顶，平面略呈"V"形，带有天井建筑面积2170平方米，目前为北极星钟表博物馆。2013年被公布为省级文物保护单位。

图9-5 生明电灯股份有限公司旧址

通益精盐股份有限公司

1919年由孙岐山、林子忱等在北马路创办了烟台首家制盐企业"烟台通益精盐股份有限公司"，当时是全国14个精盐制造公司中的第二大厂。主要生产精盐、粉盐、粒盐、碳酸镁牙粉等，年产精盐30万吨，主要销往我国南方长江流域。通益精盐股份有限公司拥有5座工厂，生产设备包括许多电子设备和其他现代化机器，还配有化验室，雇有装配工40人、生产工人160人。公司还为员工提供宽敞、设备齐全的宿舍，设

有餐厅、澡堂、理发馆、阅览室、娱乐室及医务室，全部免费供员工使用。公司在20世纪30年代固定资本达25万墨西哥银圆，林镜订任总经理，所用原料系牟平、石岛粗盐，年用量达40万担。1938年2月日军占领烟台后停产，建筑今已不存。

图9-6 通益精盐股份有限公司（历史照片）

瑞丰面粉股份有限公司

1911年，烟台人李相卿、董品山、王子亭合资在西大街购买土地，建起厂房21间，创办了茂兰福面粉厂，由王子亭任经理。这是烟台第一家机械面粉加工厂，生产"麒麟"牌面粉，拥有美国产的15寸单式钢磨5台，年生产面粉18万袋，这些面粉在烟台周边地区很快就销售一空。1922年5月更名为瑞丰面粉股份有限公司，由澹台玉田任经理，增加了4台36寸复式钢磨，日产面粉850袋，商标为"兰草"牌，除面粉外还生产挂面。1929年新建仓库40间。1938年2月日军占领烟台后，被迫改名为东亚制粉会社。解放后，扩大了生产规模，担负全市军民面粉供应任务。1952年公私合营，1966年改名为国营烟台面粉厂。

原有建筑位于芝罘区西大街37号，占地11亩，建筑面积3000平方米，共三栋建筑。第一栋为1911年建起的厂房，二层砖木结构，坐南面北。第二栋是1929年建起的仓库，砖石结构平房，坐北面南。第三栋为1937年建立的办公用房，紧靠厂房，中西合璧风格，砖石结构。三栋建筑均已拆除。

东亚罐头公司

烟台东亚罐头公司创立于1915年，是烟台最早的罐头生产企业之一，产品包括鱼罐头、虾罐头、鸡肉罐头、鸭肉罐头、牛肉罐头和各类水果罐头。除罐头外还生产莱阳梨膏、樱桃甜酱、苹果甜酱等。产品远销全国各地和东南亚等国。1945年公司倒闭。建筑位于广仁路西首，砖混二层结构，占地2亩，坐南面北，中西合璧风格，平面呈长方形，一楼为营业厅，二楼为厂房，建筑面积1000平方米。

图9-7　东亚罐头公司商标

烟台罐头厂

烟台的罐头工业起源于1913年，当时旅欧留学归国的帮岱在大海阳建立了烟台第一个罐头加工厂——利丰公司。之后烟台先后又出现了东亚、精美、福兴公、振东、东海、协泰昌等多家罐头生产企业，其中以东亚罐头公司最为著名。1915年烟台的德和永白铁铺（原为罐头筒加工厂）改为生产罐头，并改名为德丰罐头厂，由于科学的管理及制作工艺的改进，该厂发展较快，20世纪二三十年代，其产品多销往哈尔滨、长春等东北地区，"九一八事变"后改为销往上海、温州、福州等地。这一时期烟台大部分罐头生产厂倒闭，仅留下东亚、德丰、福兴3家罐头企业。日军占领烟台期间，1937—1942年这3家企业也相继倒闭。

1951年烟台市政府买下了原德丰罐头厂的设备，创办了新华罐头食品公司。同时烟台实业公司、海军后勤部司令部、炮兵司令部合资成立了烟台实业罐头厂。1952年新华罐头食品公司与烟台实业罐头厂合并为烟台市实业公司罐头厂，主要生产红烧肉罐头，曾积极支援抗美援朝。1954年该厂委托青岛食品出口公司在我国香港地区、新加坡、马来西亚等地试销"飞轮牌"罐头。1955年4月改名为山东省工业厅烟台罐头厂，1958年1月又改为山东烟台罐头厂，1978年5月定名为山东烟台罐头总厂。

程明造锁厂（三环造锁厂）

1930年黄县程大钱庄股东杜陪然、于信周、王景然和精明钟表眼镜店老板刘集臣达成协议，由程大钱庄出资4万元，精

第九章
民族工商业的兴起

明钟表眼镜店负责技术及工人,双方在程大钱庄后院办起了顺记工厂,研究造锁。因技术落后设备陈旧,三年仅生产6000把锁,且做工粗糙质量不佳,销路不畅。1934年又集资3000两银圆,购置了旧车床、钻床和2马力柴油机一台,学习美国铜挂锁制造技术,更新了产品,使得企业走出困境。同年更名为程明造锁厂,生产"三星"牌挂锁。1939年程明造锁厂由黄县迁至烟台,在毓璜顶公园东坡维新路9号购买房屋改建为厂房,拥有制锁设备11台、职员14人,名字改为烟台程明锁厂,年产挂锁2万把。后因日军占领和国民党统治,1947年锁厂停业,到1948年仅有2名员工看守厂房,靠变卖原材料维持生存。1949年市政府贷款4000万元(旧币),扶持锁厂恢复生产,年产挂锁1.55万把。1950年改"三星"商标为"三环"商标,1953年年产挂锁9.06万把。1954年9月公私合营,厂名改为公私合营烟台程明锁厂。1956年经政府批准,天顺福工厂、复兴电镀厂合并入锁厂,并进一步增加设备、扩建厂房,年产挂锁36.68万把,1957年生产的铜挂锁开始出口东南亚等国。1966年11月转为国营,改名为国营烟台造锁厂。20世纪七八十年代,与烟台第二锁厂、烟台家具锁厂、烟台自行车锁厂、烟台翻砂厂、烟台电镀厂合并成立山东烟台造锁总厂。

亿中公司

1914年海阳人孙伯峨(毕业于烟台益文商业专科学校)在烟台创办了亿中公司,英文名字"the Chefoo Hair Net Co.",翻译过来就是芝罘发网公司,主要从事对英国、德国、澳大利亚等国的出口业务，是烟台中国企业中为数极少的直接与国外进行业务往来的公司。公司成立之初集中制造和出口发网，后来逐渐拓展到花边和柞蚕丝绸，20世纪20年代进一步扩展到刺绣和手帕的出口，年均出口额在20万墨西哥银圆左右。亿中公司设有专门宽敞的车间和仓库，同时在烟台各处设立有零售商店为美国海军提供服务。进口的货物主要有爱尔兰的亚麻布和纱线，这些亚麻布和纱线进口后主要用作制造桌布、手帕和刺绣制品。20世纪30年代亿中公司还在上海设立了分公司，主要从事头巾、丝绸和花边的出口。公司建筑今已不存。

图9-8 亿中公司（历史照片）

信丰股份有限公司

1908年太古洋行经理杨梅南和烟台裕厚堂、兰英堂两家商号的李明轩和李虹轩集资在海岸街创办了信丰股份有限公司，又称山东丝绸花边有限公司，由李明轩和李虹轩兄弟二人担任经理，专营烟台手工艺品和土特产品的出口，是中国商业机构直接开展对外贸易的开拓者，之后不断扩大规模，吸收了烟台总商会会长崔葆生在内的几大商号老板作为股东。截至1914年，信丰公司在烟台已经拥有4家发网编织厂，有100多名办公职员、1000多名工人，成为烟台第一家发网出口的中国公司，向美国纽约和英国伦敦大量出口产品。1916—1924年公司开始经营保险、地毯和粗绒加工，并从中获利，在北京、上海、天津及阿根廷布宜诺斯艾利斯都开设了分公司。1918年杨梅南前往上海太古洋行，但他仍是信丰公司的最大股东。1921年，信丰公司成为美国芝加哥西部公司在中国的唯一定点代理商，专门制造"根兹博罗"（Gainsborough）牌发网，销往美国和加拿大。信丰公司在1930年也被认为是烟台资本最大的华商公司。1941年因国际贸易出现问题加之战乱频繁，公司倒闭。

现有建筑位于芝罘区向阳街道办事处海岸街2号，中西合璧风格，坐南面北，四面坡青瓦屋顶，双层砖石结构，平面呈长方形，建筑面积600平方米。2014年被公布为不可移动文物。

图9-9 信丰股份有限公司旧址

开埠与烟台

第二节 夹缝中生存的金融、通信业

烟台的邮政事业发展较早,而且较全国其他地区先进,究其原因为,最初清政府的邮政由海关负责,各海关在总关的要求下基本成立了自己的邮局、书信馆或办事处。烟台因为东海关的存在使得邮政事业起步早,在清政府开始独立发展邮政的时候,烟台已经有了相对成熟的邮政网络、办公技术人员等。金融业也是随着贸易行业的兴起,在外国金融机构的影响下逐步兴起。开埠后与贸易相关的金融机构迅猛发展,中式银号众多,最为出名的就是大清官银号和福顺德银号,以及后来的交通银行烟台支行和中国银行烟台支行。

烟台邮局

清政府自1890年起,就开始着手推广邮政事业,1893年大清烟台邮局开业,位于海岸街东段路南,面向海岸街,接管了隶属于东海关的"送信官局"的业务,当时建造了一座二层楼房作为办公楼,发行面值为1/2分、1分、2分、5分、10分、15分、20分、25分银的八种邮票,后三种邮票图案为烟台山鸟瞰图,上有烽火台。这一年开始东海关不再监管烟台邮政业务。1896年7月22日清政府批准由东海关继续兼办烟台邮政业务,直至1911年。

1911年5月清政府成立邮传部重新接管邮政,邮政脱离海关管理,烟台邮政副总局也脱离东海关,仅保留了东海关在邮

第九章
民族工商业的兴起

政副总局的办事处。截至 1911 年已在烟台邮政管理区内设立分局 137 处，设置邮筒和邮箱 55 个，年处理邮件 500 万单，包裹 27600 件，办理汇款 10 万余元。

1913 年烟台邮政副总局撤销，改为烟台一等邮局，1918 年北京邮政总局邮政总办铁士兰来到烟台，代表中国邮政总局在烟台山下购置楼房一栋，并于 1919 年正式移交给一等邮局。1925 年一等邮局将原有建筑拆除进行了重建。烟台一等邮局隶属于山东省邮政管理局，它区别于山东省邮政管理局下设的分支机构（二、三等邮局），而是一个独立的可设分支机构的一等邮局。一等邮局是当时国内规模较大的邮局之一，邮线遍布沿海各城市及朝鲜、日本及欧美多国，业务量及影响位居全国前五，号称五大邮局之一。1921 年实现了与英国伦敦和爱尔兰直接通邮。1937 年烟台一等邮局辖属局、

图 9-10　上图近处建筑为 19 世纪 90 年代的大清烟台邮局（历史照片），下图为 1925 年之后的烟台邮局旧址

开埠与烟台

所195个。1938年2月日军占领烟台后，烟台一等邮局被日军强行占领，抗日战争胜利后在此成立烟台邮电局，1980年该建筑作为烟台市邮电局山下支局，目前为烟台市邮政储蓄银行用房。

现有建筑位于芝罘区向阳街道办事处海岸街29号，欧洲古典主义风格，坐北面南，双层砖石结构，平顶，平面呈长方形，建筑面积1000平方米。2006年随烟台山近代建筑群被公布为全国重点文物保护单位。

中国电报总局烟台分局

1885年清政府中国电报总局济宁分局敷设了济宁—青州—莱州—登州—烟台的电报线路，与天津—上海的线路连通，并在烟台设立了烟台分局。1906年烟台电报局大楼落成，英国大东、丹麦大北电报局同时迁入大楼一同办公。1909年烟台分局烟台—大连海底线路敷设完成并通信。1910年德国在烟台装设的电话线路收归国有，开设了市内电话业务。1922年烟台—上海海底线路敷设完成并通信。1931年在烟台共有电报水下线路6条，与上海、北京、天津、威海、大连等地连通，并可通过上海联通世界各国。1934年3月，烟台海岸无线电台、烟台无线电报局并入烟台电报局，同年5月英国大东电报公司和丹麦大北电报公司并入烟台电报局。1936年与烟台电话局合并。1938年2月，电报、电话业务统归芝罘电报电话局，该局隶属于由日本实际控制的华北电报电话股份有限公司。原有建筑在1998—2002年城市改造时拆除。

第九章
民族工商业的兴起

　　原有建筑位于海岸路中段，建成于 1906 年，新文艺复兴风格，坐东面西，四面坡铁皮屋顶带阁楼，单层砖木结构，平面呈长方形，建筑面积 2000 平方米。

图 9-11　烟台分局（历史照片）

福顺德银号

　　福顺德汇兑庄创办于 1900 年，创始人是烟台人梁善堂。梁善堂早年在海参崴工作，后在烟台与海参崴之间贩卖旧衣服或原料较次、加工较粗的新衣服，顺带帮助同乡捎带书信、钱财等，因为他仔细负责，从不出差错，赢得了同乡们的广泛称赞。梁善堂也从中看到了商机，1900 年就动员亲友共同出资在烟台南大街和西南河交汇处创办了福顺德汇兑庄，以汇兑业务为主，兼营客栈。随着业务量的增加，1930 年梁善堂将福顺德汇兑庄搬迁到了朝阳街，并在朝阳街新建了营业楼，承接存贷款业务。20 世纪 30 年代福顺德汇兑庄的业务达到了顶峰，先后在哈尔滨、长春、吉林、沈阳、大连、丹东等地都设有分号。1934年在伪满政府的操纵下，福顺德哈尔滨分号与总部脱离关系，成立了福顺德银行，后并入哈尔滨银行。1937年"七七"事变前，福顺德汇兑庄正式注册为福顺德银号，1938年2月日军占领烟台，烟台金融市场混乱，福顺德银号在各地的分号相继歇业。1941年日伪当局批准升格为银行，并将总行迁到北京，烟台福顺德变为分行。1945年8月福顺德以银号复业，1948年改为福顺德钱庄，1950年6月歇业。1980年其建筑交给烟台建筑服务公司小乐天旅馆使用。

现有建筑位于芝罘区向阳街道办事处朝阳街57号，中西合璧风格，坐东面西，四合院天井布局，钢筋混凝土结构，临街部分原为二层，后加盖为三层，平顶，平面呈长方形，建筑面积1000平方米。2004年被公布为市级文物保护单位。

图9-12　福顺德银号旧址

第九章
民族工商业的兴起

中国银行烟台支行

为了整顿币制推行纸币，增加财政收入，1905年经财政处奏准，清政府在北京西交民巷成立了户部银行，这也是我国最早由官方开办的国家银行，1908年2月改名为大清银行，1912年2月辛亥革命后又改组为中国银行，并开始在全国一些商业中心建立分支机构。1913年12月1日中国银行烟台支行在烟台北大街成立，发行兑换券、经营国家公债、发行期票、兼收胶东各县税款，用财政支持的形式缓解工农业生产的困境。1928年开始被南京政府指定为国际银行，经营国际汇兑业务并买卖金银和国际货币。1930年建立信托业务，积极为烟台农业和工业发展提供金融服务，在烟台金融界跃居首位。1934年6月迁到了位于海关街的现在位置。1934年7月张裕公司因负债抵押给中国银行，烟台支行的经理徐望之便出任张裕公司总经理一职。1935年2月，中国银行接手了亏损资不抵债的醴泉啤酒公司（烟台啤酒厂）。1938年2月日军占领烟台后支行资产被日军没收。1948年10月政府接管了中国银行烟台支行业务，1984年改为分行。

现有建筑位于芝罘区向阳街道办事处海关街34号，欧美现代简约风格，坐东面西，四面坡红瓦屋顶，双层砖混结构，平面呈正方形，建筑面积1200平方米。2006年随烟台山近代建筑群被公布为全国重点文物保护单位。

开埠与烟台

图9-13 中国银行烟台支行旧址

交通银行烟台支行

1908年清政府邮传部创建了交通银行，主要是为经营铁路、电报、邮政、航运事业而专设的银行。1910年交通银行在烟台开设支行，除经营存款、贷款、信托等一般银行业务外，还被授权发行纸币和代征海关关税。交通银行烟台支行成立后积极向民间各行业提供贷款，1930年在威海等处设立办事处，1933年在黄县设办事处。截至1937年，交通银行和汇丰银行是烟台金融界最有实力的两家银行，烟台港的税收均在这两家银行存取。1938年2月日军侵占烟台后，将交通银行在烟台、黄县、威海的账目全部查封，日本横滨正金银行强行从交通银行手中接管了烟台港的税收。1941年8月交通银行烟台支行被

第九章
民族工商业的兴起

日伪中国联合准备银行接管。抗日战争胜利后，山东北海银行胶东分行曾在交通银行烟台支行建筑内办公，1949年交通银行重新在烟台设立办事处和分行。

现有建筑位于芝罘区向阳街道办事处海关街29号，中西合璧风格，坐东面西，一进四合院布局，内院四周设有开放式环形连廊，三层砖混结构，四面坡红瓦屋顶，平面呈正方形，建筑面积300平方米。2006年随烟台山近代建筑群被公布为全国重点文物保护单位。

图9-14 交通银行烟台支行旧址

开埠与烟台

第三节 其他服务行业

洋行的存在促进了本地进出口业务和现代货轮运输业务的发展，毕竟洋行要在中国本土生存离不开当地商业机构的支撑，因此在烟台当地，一些有经商头脑的商人纷纷注册成立各类商行等服务机构，积极参与到洋行的进出口业务中，有的甚至在国际进出口业务中取得了不错的成绩。

山东联合商贸有限公司

1931年由几名华人与在烟台经商的外国商人联合出资，在烟台成立了山东联合商贸有限公司，类似今天的中外合资企业。山东联合商贸有限公司是烟台规模较大的刺绣和花边制造与出口公司，兼做丹麦哥本哈根东亚公司在烟台的收购代理，经营猪肠衣和花生出口业务，同时还代理保险和航运业务。山东联合商贸有

图9–15 山东联合商贸有限公司（历史照片）

第九章
民族工商业的兴起

限公司还是邓禄普橡胶和百代留声机的代理商，并将这两项业务销售网络覆盖了山东省西北部。公司办公大楼在20世纪30年代是烟台最为现代化的商业大楼，20世纪80年代拆除。

原有建筑位于海关街与历新路交汇处，美国装饰艺术派风格，两面坡孟莎式双折线红瓦屋顶，带有阁楼，双层砖混结构，平面呈"L"形，建筑面积1650平方米。

泰生东染料行

19世纪末牟平人张颜山在烟台北大街创办了泰生东染料行，原本经营杂货，顺便为一家德国洋行销售德国"狮马"牌染料。经过张颜山的不懈努力，他经营的德国染料被越来越多的人接受，泰生东染料行也获得了山东的代理权。第一次世界大战期间，原料无法供应，泰生东的存货价格高涨，让染料行取得了巨额利润。1910年泰生东染料行在济南、青岛、上海、哈尔滨设立分店，控制了全国市场，张颜山也有了"染料大王"的称号。泰生东染料行还热衷公益事业，20世纪初曾捐款15000元大洋用于修缮金沟寨附近泥泞的道路。1919年牟平大旱，张颜山为家乡村民每人发放30斤赈灾粮，帮助灾民度过饥荒；又扩建村西客栈，早晚向本村及邻村灾民免费供餐。1928年在本村投资办校，建校舍20余间，免费供本村孩子就读。此外还多次向红十字会等慈善机构捐款，累计达数十万银圆。

现有建筑位于芝罘区向阳街道办事处北大街40号，典型的中式传统建筑，硬山两面坡屋顶，四合院式建筑。2015年被公布为市级文物保护单位。

开埠与烟台

图9-16 泰生东染料行旧址

政记轮船公司

1904年大连商人张本政、张本才兄弟投资30万墨西哥银圆在烟台开设了政记轮船公司。在公司成立之前的1902年,张本政就租用日本商人的两艘轮船经营烟台—大连的船运业务。公司成立后,日军将没收的两艘俄国轮船低价卖给政记轮船公司,政记轮船公司逐渐开始经营威海、烟台、龙口、天津、营口、大连、旅顺、丹东等地的海上运输业务。到1911年公司已经拥有各类客船、货船15艘,还有舢板和帆船29艘,在龙口、天津、大连、丹东等地开设分公司,在营口、福州和广州设有代理,还涉足烟台电力、金融等行业。1914年第一次世界大战爆发,欧美各国无暇顾及中国市场,政记轮船公司乘机扩展业务,公司快速扩张。1920年张本政将公司改名

第九章
民族工商业的兴起

为烟台政记轮船股份有限公司,在顺泰街和广东街交汇处建立了自己的办公大楼,又在上海、青岛、广州、香港等地开设分公司,建立起了日本、朝鲜固定航线,还开辟了中国香港、西贡、曼谷、马来西亚、新加坡等地临时航线。

20世纪30年代,政记轮船股份有限公司开始积极服务于日本侵华,30年代公司总部前往大连,在日方的协助下经营规模迅速扩大,到1940年12月已经拥有42艘大型轮船,总排水量近6万吨,还雇用日本船员130人,中国船员更是多达1500人,在金融、房产及市政建设上均有建树。1941年太平洋战争期间,政记轮船股份有限公司的轮船协助日军运送物资而被击沉,政记轮船股份有限公司完全沦为日本帝国主义的侵略工具。1945年8月日本战败,政记轮船股份有限公司财产被没收,张本政被判处死刑。烟台政记轮船股份有限公司建筑曾

图9-17 政记轮船公司旧址

被作为中国农业银行烟台支行使用。

现有建筑位于芝罘区向阳街道办事处广东街12号,中西合璧风格,四面坡青瓦屋顶,双层砖石结构,平面呈正方形,山墙上镶嵌有"政记公司"石匾一块,建筑面积400平方米。2011年被公布为市级文物保护单位。

顺泰商行

1868年广东香山人梁泽威在烟台创办了顺德五金行,后改名为顺泰商行。1885年梁泽威将顺泰商行交由侄子梁浩池经营,自己与梁浩池的二哥梁艾昭到朝鲜发展。起初顺泰商行主要经营生蚕丝、石炭、火柴、干海带、茶叶等本地土特产品或从事本地生产的产品的出口。后来随着梁泽威在朝鲜的贸易,逐步将经营范围扩展到朝鲜和日本,业务涉及煤炭和杂货。在顺泰商行的鼎盛时期,曾开设过机械化的缫丝工厂,被称为"中朝贸易的重要沟通者"。顺泰商行还积极参与航运与城市建设,参与现代教育,如资助毓璜顶英文学馆,独资创办养正义学堂(养正小学的前身)等。也有学者推断顺泰街的命名即是因为顺泰商行。1896年顺泰商行开始涉足金融行业,在烟台成立了顺泰号钱庄,钱庄的影响极大,广泛在各行业领域进行投资、发行货币、承办汇兑业务等,在全国各地甚至国外都设立了分号,如上海茂泰号、旅顺盛泰号、威海财泰号、大连连泰号、青岛源泰号、九江兴泰号、福州羲记栈、天津四和成、镇口华泰号、香港广顺太、仁川怡泰栈、皇城怡泰号、釜山福泰号、神户忠信和、横滨德隆等。1910年受上海金融风暴的影响,顺泰号及其分号陆续倒闭,顺泰商行建筑由顺记商行接手

第九章
民族工商业的兴起

继续开展金融业务。

现有建筑位于芝罘区向阳街道办事处朝阳街 29—30 号，中西合璧风格，两面坡红瓦硬山屋顶，双层砖石结构，平面呈"L"形，建筑面积 450 平方米。2011 年被公布为市级文物保护单位。

图 9-18　上图为顺泰商行旧址、下图为顺泰商行发行的银券

新陆商行

1930 年烟台宫家岛村人张宽五在市区广仁路购买了二层小

/ 233 /

开埠与烟台

楼开办了新陆商行,由其好友李大宸担任经理,专营刺绣、花边等本地特色产品的出口,在天津开设有分号。张宽五和李大宸属于新派商界人士,英语水平较高,思想解放,雇用的职员也多是接受新思想、受过教育的人士。抗战期间,张宽五一家迁往上海,李大宸继续经营新陆商行,直到1945年8月抗日战争胜利后,李大宸将新陆商行及张家全部房产总计100余间全部捐献国家。张宽五也具有强烈的爱国心,他在上海时,烟台恤养院曾到上海募捐,共募集黄金二百两,大部分由张宽五家捐赠。

现有建筑位于广仁路西段路北,建于20世纪初期,中西合璧风格,双层砖木结构,坐东面西,歇山式屋顶,平面呈正方形,建筑面积800平方米。2004年被公布为登记保护的不可移动文物。

图9-19 新陆商行旧址

成昌五金行（庆昌五金行）

1866年宁波商人在顺泰街中段创办了烟台"合顺号"，是上海"合顺号"的分号。主要经营法国白兰地、意大利味美思、古巴雪茄、美国芦笋，以及其他进口香烟、罐头、橄榄油等，还销售轮船机械零部件等。1945年抗日战争期间关闭，1951年重新开业，改名为"成昌五金行"（英文为Chingchang，因此又译作庆昌），1955年停业。

建筑位于芝罘区向阳街道办事处顺泰街8号，中西合璧风格，坐南面北，四面坡青瓦屋顶，双层砖石结构，建筑面积760平方米。2015年被公布为市级文物保护单位。

图9-20 成昌五金行旧址

开埠与烟台

顺昌商行

1913—1914年，国人在朝阳街北首与海岸街交汇处成立了顺昌商行，顺昌商行是烟台民营商行中实力较强的一家，规模也较大，经营日用杂货，同时也经营进出口业务，曾是北京双合盛五星啤酒的烟台代理商。

现有建筑位于芝罘区向阳街道办事处朝阳街44号，中西合璧风格，坐南面北，四面坡青瓦屋顶，拱形门窗，二层砖木结构，平面为"L"形，靠近正门西侧墙上镶嵌有石匾一块，上有"吉卜力街一区四段"中文字样和"GIPPERICH STREET"英文字样，建筑面积360平方米。2006年与烟台山近代建筑群一起被公布为全国重点文物保护单位。

图9-21 顺昌商行旧址、嵌在墙上的路标

瑞蚨祥绸缎店

1894年济南瑞蚨祥绸缎店在烟台北大街开设烟台瑞蚨祥分

第九章
民族工商业的兴起

店,由章丘商人孟传珊独资经营,不吸收其他人合伙入股。整个商店占地2.5亩,建筑面积1800平方米,建有房屋120间。瑞蚨祥主要经营绸缎布匹和各种皮货,在上海、天津和苏州设有采购点,进货时对产品花色、价格、质量把关极严。对外服务热情,服务理念超前,由于诚实讲信用,在烟台百姓中口碑极佳。瑞蚨祥内部建立有严格的管理制度,对店内的组织、学徒管理、铺规、工资等都有明确规定。店内经营分三级制,上有经理、副经理掌管全店;中有各柜柜头(店长),负责前柜的管理与经营,柜头多由资格老、业务强的老店员担任;下层有伙计和学徒,直接卖货和承担店内一应杂事。日军侵占烟台期间歇业。1948年10月瑞蚨祥获得新生,1956年公私合营后开始扩大经营范围,增加了五金、日用百货、鞋帽文化用品。1967年改名为四新商店,1981年恢复原店名,1985年老建筑全部拆除。

图9-22 瑞蚨祥绸缎店(历史照片)

开埠与烟台

协增昌绸缎店

1930年烟台商人创办了协增昌绸缎店,也是烟台当时较大的绸缎百货店之一,起初主营各类绸缎,之后兼营西装、呢绒、皮革制衣等,也叫协增昌百货店。一楼为营业大厅,二楼为会客厅,三楼为仓库和员工宿舍。1950年参与公私合营,成立烟台百货公司,1960年作为烟台文化艺术馆,20世纪70年代烟台地区博物馆、文管会、文物店在此办公。1984年开始临街部分作为烟台市文物店,院内为烟台市博物馆考古标本库,2021年博物馆考古标本库迁走,全部交烟台市文化发展公司管理使用。

建筑位于烟台市芝罘区向阳街道北大街72号,四合院天井布局,临街为三层,其余为二层,中间带有天井,院内二楼设置开放式回廊,中西合璧建筑风格,正面二层为长方形窗户,上方装饰西式图案,三楼为拱形门窗。2015年被公布为省级文物保护单位。

图9-23 协增昌绸缎店旧址

第九章
民族工商业的兴起

福昌泰杂货店

1860年福山人金来恩在烟台北大街创办了福昌泰杂货店。金来恩早年在北京一家蜡庄做过学徒,掌握了制蜡烛的技术,回烟台后他见烟台市场上的蜡烛质量太差,于是便产生了生产蜡烛的想法。福昌泰生产出的蜡烛燃烧时间长,烛焰明亮,深得顾客欢迎。金来恩去世后由其长子金藻堂接手,聘任刘汉舫任经理,但不久遭遇火灾,店铺被化为灰烬。金藻堂重新筹措资金新建了商店,刘汉舫也改变经营方式,取缔旧的陈规陋习,推行微笑、热情的服务方式,坚持薄利多销的原则,尽量满足顾客的不同需求,如可以送货上门、拆整售零等。同时扩大经营范围,增加了金华茶腿、南京板鸭、北京酱肉、广东香肠等特色食品,又派人到香港、仁川采购海参、燕窝、鱼翅、鱼唇、广肚、鲍鱼等名贵产品。还聘请糕点师制作出售各种糕点,又设有专门的药柜,出售北京同仁堂著名的丸散膏丹老牌成药和粤港天喜堂的老牌调经丸等数十种药品。由于经营有方,福昌泰一时成为烟台最好的商店之一,老烟台人逢年过节都会到福昌泰杂货店订购节日礼品。1938年2月日军占领烟台后,包括国民党统治期间,不堪繁重的捐税,福昌泰杂货店在1948年年初倒闭。新中国成立后改为仓库,1992年商店建筑拆除。

原有建筑位于北大街中部,菜市街和秋溢胡同交汇处,中式建筑,二层砖木结构,一楼为商店,二楼为仓库、宿舍和会客厅,建筑面积420平方米,店南建有平房,作为加工厂和库房。

怡瑞兴商行

怡瑞兴商行成立于20世纪20年代，是由国人成立的一家商行，经营日用杂货，其西侧紧邻中国银行烟台分行建筑，曾改名为顺泰商店。

现有建筑位于芝罘区向阳街道办事处顺泰街16号，坐北面南，欧美新古典主义风格，四面坡青瓦硬山屋顶，双层钢筋混凝土结构，平面呈正方形，建筑面积250平方米。2011年被公布为市级文物保护单位。

图9-24 怡瑞兴商行旧址

源泰成食品店

源泰成食品店具体开业的时间不详，但可以肯定的是在

第九章
民族工商业的兴起

1890年之前就已经存在,由宁波籍的商人开办并经营。主要出售南方水果、糕点、茶叶、笋片、绍兴酒和金华火腿。顺泰成食品店还在朝阳街设有生产加工房,用以加工和存储货物。

现有建筑位于朝阳街和建德街交汇处,中西合璧风格,四合院天井布局,双面坡红瓦屋顶,二层砖石结构,平面呈"回"字形,建筑面积300平方米。

图9-25 源泰成食品店旧址

震寰号商铺

20世纪二三十年代,烟台栖霞商人栾子明、栾耀庭在烟台创立了震寰号商行,主要经营花边、绣花品、丝绸、台布等的生产及出口。建筑位于芝罘区东山街道办事处大马路66号,前店后宅，平面为长方形，中西合璧风格，坐北面南，双层砖木结构，双面坡青瓦硬山屋顶，建筑面积1200平方米。该建筑目前用作商铺。2015年被公布为市级文物保护单位。

图9-26 震寰号商铺旧址

丹桂戏院

烟台开埠后逐渐发展成为北方重要的商埠，船只往来频繁，商贾云集，店铺林立，市场繁荣。这一时期京剧在北京日渐兴盛，并开始南下。同治六年（1867年）京剧开始从天津传入上海，一时间北京、天津的名伶纷纷涌向上海，而烟台作为京津通往上海的海上必经之路，来往船只经常停船登岸，演员们借机上岸演戏，赚取包银。随着大量京剧名角来烟台演戏，受其熏陶，一些痴迷于京剧的人士自发成立票房演练京剧，从而在烟台产生了一批京剧爱好者和票友，很多人能唱会演，深谙京剧之道。他们看戏绝不放过"叫好"和"起哄"的机会，

第九章
民族工商业的兴起

对演出中的瑕疵,就会爆以"倒好",俗称"砸场子";对于唱得好的角色,当然也不遗余力地叫好。当时烟台票友们曾打着灯笼看戏,满意灭灯,不满意灯一直亮着,戏唱砸了提灯走人。"京剧码头"由此蜚声全国。很多京剧演员以来烟台唱红为荣,到后来更是流传了这样的说法:"北京学成,天津唱红,烟台验收,上海赚包银"。

正是在这种情况下,1906年张子禄在丹桂街与胜利路交会处建立了德桂茶园,可以一边喝茶一边听戏,张子禄又聘请贵俊卿、马德成、李吉瑞等名角到茶园进行演出,德桂茶园一时生意兴隆。1916年德桂茶园改名为丹桂戏院,重金邀请白玉昆、花玉莲等名角排演了京剧《诸葛亮招亲》,剧情新奇,深得民众欢迎。后又重金邀请麒麟童、王灵珠等在丹桂戏院演出,一时轰动烟台,出现了一票难求的场面。1938年烟台被日军占领后,戏院生意受到严重影响。1944年改名为金刚戏院。1951年烟台驻军单位接管了金刚戏院,改名为胜利剧场,全国著名京剧演员马连良、荀慧生、黄桂秋、杨宝森、周啸天等纷纷来到胜利剧场演出。1963年为适应新的需求,政府拨款拆除原有建筑在原址上重建了规模更大的新的胜利剧场。

大众剧场

大众剧场成立时间不详,原名叫寿仙茶园,位于民主街南部,与胜利剧场仅一墙之隔。最初以茶园为主,演出大多是京剧清唱,后改名为大观园。以落子园(以演出曲艺杂耍为主的地方,也可以唱多种剧目、曲调)形式演出为主,多为京剧清唱、昆曲梆子、胶东大鼓、时兴小调等，每演一曲在台下茶座收费一次。随着京剧在烟台的兴起，大观园改为吉祥大戏院，生意渐火，到20世纪40年代与丹桂戏院同成为烟台著名的戏院。40年代中期改名为光路戏院，后政府投资对戏院设施进行了改造，座位数增加到900多个。1949年底改名为大众剧场。1978年因建筑年久失修，为保障观众安全停止使用，改为京剧院仓库。

金城电影院（新中国电影院）

1934年德顺兴造钟厂的李东山与烟台青年商会共同出资在朝阳街南头购买土地建造了完美之电影院，1935年1月与仁德洋行、道孚洋行联合投资将完美之电影院与金城电影院合并，保留金城电影院名号，但影院使用的是原完美之电影院的房子，并进行了扩建，主要股东是李东山和罗拔·马茂兰。影院聘请俄国人娄立卡洛夫担任经理，扩

图9-27　金城电影院旧址

建后能同时容纳800名观众，除普通座椅外，还设有三排沙发软椅，装有暖气和电风扇等设施，拥有两台德国造的放映机。主要放映美国好莱坞电影，也放映国产有声电影，每日放映两场，星期日放映三场，每周更换三次影片。因票价昂贵，主要观众是外国人、商贾、海关工作人员、美国水兵等。

1938年2月，日军占领烟台后，被日伪改名为中华电影院，放映的影片被位于广仁路的日资企业华北映画株式会社垄断供应。1945年8月抗日战争胜利后，影院由市文联接管，1948年10月更名为新烟台电影院，1949年停业。1950年原电影院职工自发组织营业，更名为新光电影院，同年底更名为新中国电影院，1951年正式开业，20世纪80年代倒闭。

现有建筑位于朝阳街南头，美国装饰艺术派风格，坐东面西，两面坡铁皮屋顶，钢筋混凝土结构，平面呈长方形，门厅及放映室为四层，影院大厅设置有楼上和楼下观众席，建筑面积1500平方米。

福禄寿电影院

早在1910年前后，烟台已经有了无声电影，大多为传教士在教堂内播放的短片。山东最早无声放映电影机就出现在烟台，是一台法国产的百代牌9.5毫米手摇放映机，由外国传教士带到烟台。1923年烟台商人王桂荣将位于群贤胡同北口的群仙茶园买下，改造成了烟台第一家正规的商业影院——福禄寿电影院，并与上海中国电影中心签订了供片合同，同步上映影片，类似现在的线上影院，主要播放国产电影，但其间播放的

大多数是无声电影。1934年福禄寿电影院购置了德国双头蔡斯放映机,并于当年9月17日首次放映上海明星影片公司出品的《姊妹花》,自此开始播放有声电影。新中国成立后福禄寿电影院除了放映电影还兼演京剧、歌舞、杂技和魔术等,1950年改名为新新戏院,1951年又改名为群众戏院,20世纪50年代后期拆除。

图9-28 福禄寿电影院旧址

原有建筑建于1910年,原为茶楼,位于芝罘区政府西侧,坐南面北,砖木结构,临街二层,放映大厅为一层。

华安电影院

20世纪30年代,烟台福建商会将福建会馆北院包括戏台对外出租用于建戏院。1934年庆丰戏院在此设立,并对会馆院内进行了改建,主要是在院内增加了楼座、包厢等,专门演评剧,后改名为新明戏院。因亏损,第二年改放电影,称为镇北电影院。1939年7月15日改名为华安电影院。华安电影院采

第九章
民族工商业的兴起

用循环播放模式，一部影片反复播放，观众可随时购票自选座位观看。1952年因合同到期，加之影院临时建筑危及观众安全，故对影院设施进行了拆除。

图9-29 福建会馆戏楼

朝鲜菜馆

朝鲜菜馆位于东太平街中段路东，为国人开办的一家以经营朝鲜菜为特色的饭店。建筑建于20世纪30年代，前楼中西合璧风格，坐东面西，二层砖石结构，两面坡硬山红瓦屋顶，临街正立面上方有三角造型，正门上方挑檐，一、二楼均设有雅间。设有后院，前后两楼之间用"Y"形楼梯链接，从院内通过楼梯通往二层。后楼一层为厨房，二层为雅间，两面坡红瓦屋顶，砖木结构。整个院落呈"口"字形，中间带天井，四

开埠与烟台

合院式建筑，建筑面积约 450 平方米。

图 9-30　朝鲜菜馆旧址

大陆饭店

大陆饭店成立于 1920 年前后，位于滨海北路西段，主要服务于美国亚细亚舰队来烟台消夏的士兵。对外提供住宿和餐饮服务，受外国资本监督管理，和利顺德饭店一样全年对外营业，是烟台唯一一家提供冷热水和现代化卫生设施的饭店，并采用蒸汽供暖。1927 年改名为大鲁饭店，1928 年改名为渤海饭店，1935 年转让给政记轮船公司并改名为鲁滨饭店。1938 年日军占领烟台后政记轮船公司将饭店提供给日本海军陆战队芝罘本部使用。1945 年 8 月抗日战争胜利后被政府没收，1986 年成为海军航空工程学院公寓，部分建筑已拆除。

第九章
民族工商业的兴起

大陆饭店原来有主楼一栋、别墅八栋，每栋别墅内设客厅两间、卧室四间、浴室两间、休息室一间，还设有游泳池供人游泳，另设有网球场和花园，共有52套客房。现有建筑为6栋别墅，沿南北轴线对称分布，英国亚洲殖民地早期风格，多棱坡孟莎式双折线红瓦屋顶，双层砖木结构，平面呈方形，设有双层开放式外廊。目前作为海军航空大学幼儿园使用。2015年被公布为市级文物保护单位。

图9-31 大陆饭店旧址

中兴楼饭店

中兴楼饭店创办于1933年，经理是当地人钟玉礼，主要接待地方政要、商贾和外国人，建筑规模宏伟，内部装饰豪华，厨师烹调技艺高超，是当时比较有名的饭店。

建筑位于芝罘区向阳街道办事处广东街19号，中西合璧风格，坐东面西，二层四合院布局，平面呈"回"字形，建筑面积1460平方米。2015年被公布为市级文物保护单位。

图9-32 中兴楼饭店旧址

大罗天饭庄

1925年烟台商人邹子敏、崔葆生（烟台生明电灯公司董事长）等人集资创办了大罗天饭庄，专为地方官员、商贾、外国人提供餐饮服务。除餐饮外，大罗天还经营酒吧业务，在当时是烟台影响力较大的一家饭庄。20世纪30年代改名为"大罗天西大菜馆"。日军占领烟台期间倒闭。

现有建筑位于芝罘区向阳街道办事处建德街7—8号，中西合璧风格，由南北两进四合院组成，双面坡红瓦屋顶，二层砖混结构，平面呈"日"字形，坐西面东，建筑面积1460平方米。2015年被公布为市级文物保护单位。

第九章
民族工商业的兴起

图 9-33 大罗天饭庄旧址

东顺馆

1861年福山人在修业胡同创办了东顺馆，据说是烟台最早的正式对外营业的饭店，店面虽然不大，但是每天都顾客盈门。饭店主食为福山抻面，物美价廉经济实惠。主要菜品有葱烧海参、红烧干贝、烤大虾、油爆海螺、烧蛎黄、木须蛏子、清炒海肠、清氽大蛤、锅塌黄鱼、溜鱼片、清氽蛎子、绣球干贝、奶汤鲫蛤等。到了20世纪二三十年代，烟台饮食业进入了高峰期，会英楼、大罗天、松竹楼及一些洋人的餐馆等都发展起来，但东顺馆在众多饭店中仍然独树一帜，生意兴隆如旧。其间东顺馆也采取了许多措施应对激烈的市场竞争。首先开始实行原始的"外卖"，餐馆备有自行车，按照顾客所留的"叫条"（订单），安排"快递员"骑车送饭上门，快速方便，且可以一菜一送，保证热度、口感等。其次可以电话预约

/ 251 /

订餐，方便顾客不多跑腿、不白跑腿。再次加强宣传，送餐的饭菜盒是专门生产的，上面印有东顺馆的广告。最后是餐厅和厨房中间不设隔墙，顾客对于厨房情况在就餐时就可以一览无余，保证能吃上放心餐。这些在今天看来简单的做法，在当时都是一种创新，也正是东顺馆能长久不衰的秘诀。东顺馆的建筑今已不存，原建筑占地120平方米，建筑面积90平方米，均为平房。

芝罘第一楼

1933年4月18日开业，由新胜祥银号的王明芝创办，张会臣担任经理，孙盛泉、赵锡佐为厨师，主营西式餐点，也叫"芝罘第一楼番菜馆"。1945年8月关闭。现有建筑位于建德街北段，中西合璧风格，坐北面南，南北两进四合院天井布局，大门上方镶嵌有"之罘第一楼"石匾，双层砖木结构，建筑面积800平方米。

图9-34 芝罘第一楼旧址

天祥宜客栈

天祥宜客栈位于顺泰街中段，是一家由国人开办的客栈。据传1925—1928年曾作为张宗昌在烟台消夏时居住的临时住宅。现有建筑位于芝罘区向阳街道办事处顺泰街5号，建于20世纪20年代，中西合璧风格，坐南面北，一进四合院带有天井，双面坡青瓦屋顶，双层砖木混合结构，平面呈"回"字形，大门上方刻有"天祥宜"三字。2015年被公布为市级文物保护单位。

图 9-35 天祥宜客栈旧址

保安栈客栈

保安栈客栈何时在烟台创立无从考证，20世纪30年代，其经理为陈明珍，当时的保安栈与中华栈、公和太、天和兴、

源丰栈、荣升栈、悦来栈、连升栈、顺生栈、利福栈、悦来东、公和栈、芝罘旅社等都是烟台较为知名的客栈。保安栈客栈承办船票、住宿、餐饮等业务。1950年在此成立烟台市交通运输民办中学，后改为交通中学。

建筑位于广东街北段，中西合璧风格，坐东面西，一进四合院带有天井，双面坡红瓦屋顶，双层砖木混合结构，平面呈"回"字形，建筑面积1000平方米。

图9-36 保安栈客栈旧址

悦来栈客栈

悦来栈客栈成立于1930年，主营住宿与餐饮，是烟台接待上等官商和来烟台演出的京剧演员的主要场所。1962年停业。

建筑位于芝罘区阜民街15号,二层砖石结构,占地2亩,建筑面积800平方米,坐东面西,平面呈方形。

万国理发馆

1930年上海商人王国权在烟台开办了万国理发馆,在烟台率先使用了电烫设备,因而成为烟台最现代、高级的理发馆,一度引领烟台的妇女发型潮流。万国理发馆还曾作为中共烟台临时市委秘密交通员陈凤翥开展地下活动的秘密藏身地点。1956年万国理发馆参与公私合营被国有化。

建筑位于芝罘区向阳街道办事处建德街23—24号,中西合璧风格,四面坡红瓦屋顶,双层砖石结构,平面呈长方形,建筑面积560平方米。2015年被公布为市级文物保护单位。

图9-37 万国理发馆旧址

烟台福建会馆

早在烟台开埠前或者开埠之初,烟台同南方的贸易大部分就是通过来自福建的船帮实现,随着烟台开埠这种贸易越来越多,来到烟台的闽商也越来越多,有厦帮、金福安船帮、三山轮船帮、福建茶纸杂货公帮、福建茶帮、金厦轮船帮、福泉商船帮等数十个船帮、商帮活动于烟台。为便于对同乡、船帮进行管理服务,方便同乡交流信息,1884年福建同安人叶庭铭主持开始修建烟台福建会馆,因所用材料均采自福建,在当地雕制后再以船运输到烟台,极耗时间,因此先后历时22年,1906年会馆才正式竣工。福建会馆又名烟台天后行宫,是近代福建人在烟台用于同乡聚会、洽谈贸易的场所,同时又是一座妈祖庙。

福建会馆竣工后,叶庭铭邀请地方各界人士及福建同乡举办了规模颇盛的竣工典礼。为庆祝会馆落成,福建同乡会大办宴会,宴请当地官绅,时任烟台海军学校校长的冰心的父亲、福州人谢葆璋便是被邀请的主宾之一。同时请戏班子唱戏三天,以示庆贺。福建会馆的建成,为福建商帮、船帮在经营等方面的联系与沟通发挥了重要作用,成为福建商帮、船帮在烟台的家。为此付出22年心血的叶庭铭并不满足于此,他还想继续扩建,但后来因时局动荡和资金难筹而作罢。他从此定居烟台,并被推选为福建同乡会会长,负责管理福建会馆。叶庭铭去世后,其三子叶永昌、四子叶永甫继续承担管理会馆的职责。

20世纪30年代后,资本主义国家进入周期性的经济大衰

第九章
民族工商业的兴起

退,中国军阀混战社会动荡,加上日本帝国主义对东北的入侵,烟台经济社会也陷入一片萧条。福建会馆因经济纠纷涉讼,船商各帮捐款因此中断,馆务诸多废弛,福建会馆的管理出现了入不敷出的局面。无奈之余,为维护支出,两兄弟便将山门以北区域连同戏台出租用于建戏院,租期18年。1934年庆丰戏院在此建成,专门演出评剧。1935年因戏院亏损遂改放电影,最初叫镇北电影院,1939年改名为华安电影院,成为与福禄寿、金城鼎立的烟台三大电影院之一。那段时间福建会馆山门以南长期封闭,院内杂草丛生。居住在烟台的福建人,逢年过节都要从侧门进入院内,到大殿祭祀妈祖。1952年,会馆租赁合同到期,作为电影院的18年历史就此画上句号。1954年,叶氏兄弟将福建会馆连同馆内陈设文物、用品等,一并移交烟台市政府。1958年,因市政规划修建南大街,道路以南的后殿及花园被迫拆除,致使原有的三进院落变成两进。同年6月,烟台市博物馆成立,遂将福建会馆作为馆址。2011年10月,烟台市博物馆迁至新馆,福建会馆被筹建为烟台民俗博物馆,并于2012年10月正式开馆。

现有建筑位于芝罘区向阳街道办事处毓岚街2号,典型的清代闽南建筑风格,由大门、戏楼、山门、大殿、后殿、花园及左右廊庑组成。巧妙的建筑布局和精湛的木石雕刻艺术令其在建筑领域独树一帜,堪称古建筑之精品。会馆整个建筑遵循了清代闽南建筑法式工艺,楼阁精致、台榭玲珑,翼角高翘,造型别致,突出了闽南建筑无木不雕、无石不凿的特点。无论是石作墙体、花窗还是石柱、石础无不雕刻入微,其内容或山

开埠与烟台

水人物、或飞禽走兽、或神话传说、或历史典故，包罗万象，仅山门下就有石雕人物 31 个、历史故事 6 幅、动物 36 只、各种花鸟装饰图案 134 幅。会馆石雕可考究内容者如"苏武牧羊""杨震却金""米芾拜石""东坡夜游""伯夷、叔齐不食周粟""舜耕历下"等，多为歌颂忠君爱国、廉孝节义的内容。雕刻技法，既有浮雕圆雕又有镂空透雕，无不精密细致、栩栩如生。后殿及花园在 1958 年被拆除，现有建筑平面呈"吕"字形，两进四合院布局，单层砖、石、木结构，坐南面北，建筑面积 800 平方米。1996 年被公布为全国重点文物保护单位。

图 9-38　上图为福建会馆全景，下图依次为戏楼、山门、大殿

广东旅烟同乡会

烟台开埠后,广东船帮在烟台成立了广东旅烟同乡会,主要负责同乡聚会、议事、娱乐等活动。同时为方便老乡子女就学,还在广仁路设立有广东小学,并用粤语为学生授课。

广东旅烟同乡会会址位于芝罘区东山街道办事处广仁路46—1号,建于1917年,新文艺复兴风格,两面坡红瓦屋顶,平面呈正方形,二楼正门上方嵌有"广东旅烟同乡会"石匾,建筑面积250平方米。

图9-39 广东旅烟同乡会旧址

主要参考资料

丁抒明等编：《烟台港史》（古、近代部分），北京：人民交通出版社，1988年。

〔英〕阿美德（A.G.Ahmed）著，陈海涛、刘慧琴译注：《图说烟台》，济南：齐鲁书社，2007年。

史密德（C.W.Schmidt）、诺曼·克里夫（Norman Cliff）、阿蒙·怀特（Arnold Wright）、布鲁斯·克林顿（Bruce Clinton）、伊恩·格兰特（Ian Grant）、希拉·米勒（Sheila Miller）、弗雷德·哈里斯（Fred Harris）合著，陈海涛、刘慧琴编译：《烟台一瞥》，济南：齐鲁书社，2015年。

法思远（Robert Coventry Forsyth）、诺曼·霍华德·克里夫（Norman Howard Cliff）、海伦·倪维思（Helen S.C.Nevius）、海雅特（Irwin T.Hyatt）、吉米·布鲁斯（Jimmy Bruce）、弗德雷·哈里斯（Fred Harris）合著，陈海涛、刘慧琴编译：《烟台往事》，济南：齐鲁书社，2017年。

曲德顺、韩沂树、胡树志编著：《图说烟台老洋房》，北京：中国文史出版社，2020年。

哲夫、王景文编：《烟台旧影》，香港：凌天出版社，

2005 年。

郭嵩焘：《郭嵩焘日记》第一卷，长沙：湖南人民出版社，1981 年。

山东省地方史志编纂委员会编：《山东省志·外事志》，济南：山东人民出版社，1998 年。

王建波编著：《辉耀古今》，济南：齐鲁书社，2016 年 8 月。

边佩全等主编：《烟台海关史概要》，济南：山东人民出版社，2005 年。

田明宝等编：《烟台区域文化通览》，北京：人民出版社，2016 年。

烟台市博物馆编：《胶东筑谱》，青岛：青岛出版社，2018 年。

烟台市文化局编：《烟台山》，北京：文物出版社，2002 年。

烟台市档案馆编：《档案见证东海关》，烟台：黄海数字出版社，2021 年。

盛志坚编著：《山东近代货币》，北京：现代出版社，2017 年。

开埠与烟台

后　记

在《开埠与烟台》一书即将完稿之际,心中其实非常忐忑,因为我知道这本书大部分的内容源自对各部门、单位所出资料,以及前辈学者研究成果基础上的整理,目的在于存真去伪,尽量还原一段真实的历史,而自己的见解实在少之又少。

大学毕业参加工作,由内地来到烟台这座海滨城市,因工作原因接触历史较多,自然而然对于这座城市的历史发生了浓厚的兴趣。而在这浩瀚的历史长卷中,令我印象最深的,也是最感兴趣的其实就是开埠前后这一百多年。或许是因为我的家乡及来烟台之前生活的地方都没有经历过开埠这一特殊阶段的缘故,开埠让我觉得既沉重又充满了新奇,让我感受到了这座城市区别于其他地方的鲜明特色。

然而虽然过去仅仅有160年的时间,很多东西却变得极为模糊,令人遗憾。现存的风格迥异的和开埠有关的遗留建筑无疑给这座城市增添了一道亮丽的风景,让烟台既不失现代化又充满了传统气息和"洋"味。但遗憾的是许多重要的历史建筑现如今已经被拆毁,而有幸保留下来的建筑仍有大量无法考证其当时的用途和流转经历,致使这座城市丢失了太多文化内涵。

后 记

希望这本书能够成为一个引子，引得更多的人关注城市历史和文物的保护与利用；也希望这本书成为我的一个开端，开启我投入更多时间、精力去进一步研究烟台的近代史，还历史一段真实。

最后还要感谢为这本书提出过许多帮助意见的老师。如市博物馆已退休的辛俊玲副馆长，她作为我的前辈和专家，有问必答，让我少走了太多弯路；如博物馆考古部闫勇主任，无私地为我提供了很多一手资料和照片，让这本书的内涵更加丰富；如参考文献里提到的那些作者们，恕我在这里不一一列举，你们的成果我无法超越，希望今后有时间一起更多交流；如市档案馆、海关、宗教局、外办的一些朋友们，感谢提供的所有资料。还有我的同事刘鲁波，默默地帮我拍摄照片、比对资料。在这里一并感谢大家！